Georgina Regan
Debbie Shapiro

Heilende Hände

Georgina Regan
Debbie Shapiro

Heilende Hände

Fischer-Verlag, Münsingen-Bern

Herausgegeben von Hartmut Radel
Übersetzung aus dem Englischen von Jürgen Langowski

© Georgina Regan and Debbie Shapiro 1988
Published in Great Britain in 1988 by Element Books Limited,
Longmead, Shaftesbury, Dorset

© der deutschsprachigen Ausgabe 1991
Buchverlag Fischer Druck AG, 3110 Münsingen-Bern
ISBN 3-85681-256-3

Inhaltsverzeichnis

Danksagung

Die Autorinnen möchten vor allem Michael Mann und Simon Franklin für ihre Weitsicht und ihre Unterstützung danken, außerdem Eddie Shapiro für seine kostbaren Anregungen.
Unser Dank gilt auch Element Books für die Erlaubnis, Zitate aus Reshad Feilds Buch *Here to Heal* zu benutzen; Harper and Row danken wir für die Zitate aus Ashley Montagues Buch *Touching: the Significance of the Human Skin*; und wir danken Alexander Lowen für die Zitate aus *Bioenergetik*.

Einführung

Das Paranormale wird gewöhnlich als irgendwie ausgeflippt, verrückt, exzentrisch oder phantastisch dargestellt oder betrachtet; irgendwo muß es jedoch eine wissenschaftliche Erklärung geben, auch wenn sie nicht auf den ersten Blick zu fassen ist.

Die meisten Menschen kennen allerdings jemand, der medial begabt ist, der Ereignisse voraussagen oder uns vor einer zukünftigen Begegnung warnen kann; einige mögen sogar echte Medien kennen, die sich in eine Trance versetzen, eine fremde Sprache sprechen und Botschaften von einer anderen Ebene »empfangen« können.

Vielleicht ist Ihnen jemand bekannt, der heilende Zauberhände hat und körperliche Schwierigkeiten beheben kann, und dessen Gesellschaft gleichzeitig beruhigend und tröstend ist. Viele Menschen tun das Paranormale mit einem Lachen ab, und doch kennen und lieben wir derart begabte Menschen und wenden uns unweigerlich an sie um Hilfe, wenn wir uns schwach fühlen. Auch wenn wir nicht erklären können, was sie eigentlich tun, wissen wir, daß es sich gut anfühlt.

Es gibt sehr viele Menschen mit paranormalen Fähigkeiten, doch sie reden nicht gern über ihre Begabung, weil sie abfällige Reaktionen fürchten. Die »Hexe, die im Haus am Ende der Straße wohnt« ist ein solches Beispiel. Sie wird mit Furcht und Angst beäugt, doch in Wirklichkeit zieht sie vielleicht einfach nur Kräuter, die sie als Medizin benutzt, oder sie kann Gedanken lesen und andere Menschen damit verblüffen, daß sie zu wissen scheint, was sie denken. Die Angst der Gesellschaft vor allem, was nicht ganz in unsere Sicht der Welt paßt, führt dazu, daß solche Menschen oft als Spinner bezeichnet werden. Interessanterweise kennen viele »normale Menschen« nicht nur solche außergewöhnlichen Zeitgenossen, sondern sie haben auch, besonders in ihrer Jugend, das Paranormale am eigenen Leib erfahren.

Wenn ein Kind den Raum hat, ohne Beschränkungen zu wachsen und sich zu entwickeln, dann ist es durch seine Unschuld und Offenheit häufig mit »unsichtbaren« Bereichen in Berüh-

7

rung. Es kann sich dabei um die Fähigkeit handeln, sich auf Pflanzen oder Tiere einzustimmen und ihre Bedürfnisse zu verstehen, etwa das Wissen, welche Pflanzen gewässert werden müssen und welche nicht, oder was zu tun ist, wenn ein Haustier sich verletzt hat. Kinder sprechen manchmal über vergangene oder zukünftige Ereignisse, von denen sie eigentlich nichts wissen dürften, als wären diese Ereignisse für sie völlig real. Dazu ein Beispiel: Ein Kind erklärte seiner Mutter, seine Schwester erwarte sie beide am Gartentor. Der Junge war ein Einzelkind, doch einen Monat später wurde seine Mutter schwanger und gebar ein Mädchen. Ein anderes Beispiel ist das eines neunjährigen Jungen, der, als er mit seiner Großmutter in einem Landesteil, den er nicht kannte, über eine Brücke fuhr, ruhig erzählte, daß er bei seinem letzten Besuch in dieser Gegend eine Fähre benutzt habe, da die Brücke noch nicht gebaut war. Er wußte genau, wo er war und deutete auf bestimmte Details in der Landschaft, die sich seit seinem »letzten Besuch« verändert hatten.

Solche Äußerungen von Kindern sind für die Erwachsenen äußerst beunruhigend, solange diese nicht selbst eine Antenne für die paranormale Ebene besitzen oder ähnliche unerklärliche Erfahrungen gemacht haben. Es ist nicht leicht, dieses unschuldige Wissen in das Erwachsenenleben hinüberzuretten. Wenn wir heranwachsen, konzentrieren wir uns stärker auf unser Ich, unser Horizont verengt sich, und unser rationaler Verstand verwirft solche Erfahrungen als »Kinderphantasien«, die nichts mit der realen Welt zu tun haben. Unsere Bildung nimmt dem Irrationalen den Raum.

Seit 1960 hat sich jedoch das Bewußtsein über und das Interesse an neuen Erfahrungsebenen verstärkt. Allmählich beginnen wir zu akzeptieren, daß es nicht für alles und jedes eine wissenschaftliche Antwort gibt. Manche Ärzte sind heute schon mutig genug, anzuerkennen, daß im Universum Elemente am Werk sind, die nicht einmal sie ergründen können, und eine wachsende Zahl von Forschungsarbeiten zeigt, daß das menschliche Bewußtsein zu weit mehr Dingen fähig ist, als früher angenommen wurde. Das Ausstrahlen von Energie wie etwa beim Heilen ist ein Bereich, der nach und nach ins Blick-

feld der Öffentlichkeit rückt, denn es scheint offensichtlich, daß während einer Behandlung tatsächlich Veränderungen stattfinden; doch Wissenschaft und Schulmedizin bieten keinen Weg, das Wie oder Warum zu verstehen.

An einer dieser Untersuchungen nahm Georgina Regan 1979 teil. Sie wurde eingeladen, sich unter kontrollierten Bedingungen einer strengen Überprüfung durch den Parapsychologen Dr. Hirishi Motoyama von der International Association for Religion and Parapsychology in Tokio zu stellen. Die Tests bewiesen, daß heilende Energien nicht nur existierten, sondern auch vom Klienten aufgenommen wurden.[1] Mrs. Regan hat sich außerdem einer wissenschaftlichen Überprüfung durch Professor John Hastad beim Department of Physics an der London University unterzogen. Dabei wurde festgestellt, daß sie über eine gewisse Zeitspanne einen elektrischen Strom produzieren konnte, was von Wissenschaftlern für unmöglich gehalten worden war.[2]

Zusammen mit dem wachsenden Interesse am Heilen sind viele Menschen aufgetaucht, die sich als Heiler bezeichnen, und ihre Zahl wächst rasch. Dies ist zwar zu begrüßen, doch ist an dieser Stelle auch eine Warnung angebracht: In Wirklichkeit ist der Heiler nicht derjenige, der eine Behandlung durchführt, sondern der, der scheinbar passiv behandelt wird. Die Kraft zur Regeneration ist eine Kraft in uns selbst, nicht etwas, das uns von außen gegeben wird. Mit anderen Worten ist der Klient der einzige, der die Heilung bewerkstelligen kann; ein anderer Beteiligter (der Heiler) wirkt einfach als Katalysator, damit die Heilung ausgelöst wird. So gibt es in Wirklichkeit keine »Heiler«, sondern eher Agenten oder Umsetzer, die Energien zu jemand anders aussenden und damit eine stärker energetisierte Umgebung schaffen können, in der die Heilung stattfindet.

Da wir darauf konditioniert sind, alles unter Etiketten, in Schubladen und Kategorien zu fassen, nennen wir diese Heilungsagenten einfach »Heiler«, was jedoch sehr irreführend sein kann, und zwar für den Ausübenden nicht weniger als für den Klienten. Wie leicht ist es doch, sich selbst mit der Vorstellung zu beeindrucken, man sei ein Heiler; und es dauert nicht lange, bis man sich vorkommt wie ein Engel, der seinen wun-

dersamen Segen auf alle ausschüttet, die er berührt! Und bald darauf beginnen wir, hohe Honorare für die Behandlungen oder enorme Gebühren für Workshops zu fordern, wo wir unsere kostbaren Informationen weitergeben und den Leuten zeigen, wohin eine Hand gelegt werden muß, um bei einem Klienten die Kopfschmerzen zu lindern. Das mag etwas sarkastisch klingen, doch es ist nicht sehr übertrieben. Es ist leicht, vor der eigenen Wichtigkeit in Ehrfurcht zu erschauern und zu vergessen, daß der Heiler nur ein Kanal für eine Energie ist, die er weiterleitet, und daß jeder von uns gleichermaßen fähig ist, als Kanal zu dienen.

Die Fähigkeit zu berühren und Energie zu übertragen sollte in unserem Leben ebenso selbstverständlich sein wie Lesen oder Schreiben; der Unterschied ist nur, daß wir sie nicht planmäßig erlernt haben. Es geht hier nicht um esoterische Geheimlehren; ein Heiler zu sein, hängt nicht von speziellen Kräften ab. Vielmehr geht es einfach darum, zu lernen, innerlich still zu werden und das Ich abzustreifen, sich von selbstsüchtigen Wünschen zu befreien und bedingungslos zu lieben. Jeder Mensch ist fähig, zu weit höheren Bewußtseinsebenen vorzudringen, als er sich je träumen ließ. Alles, was wir brauchen, ist Vertrauen zu dem, was wir in uns entdecken, dazu der Wunsch zu wachsen und einem klaren Weg zu folgen. Dieses Buch umreißt die notwendigen Schritte zur Befreiung unserer eigenen Energien, die wir dann zum Wohle aller verwenden können.

Hinweis der Autorinnen: Wenn Sie hauptberuflich als Heiler arbeiten wollen, sollten Sie unbedingt prüfen, welche Gesetze Ihres Landes diese Arbeit betreffen. Es könnte zum Beispiel sein, daß Sie eine Ausbildung als Masseur, Heilpraktiker oder Arzt brauchen. Wenn Ihre Klienten bei der Arbeit angekleidet bleiben, dürfte die Sache etwas einfacher sein.

I. Kapitel

Die Kraft der Berührung

Ein kleines Mädchen, das in den Ferien die Großeltern besuchte, hatte eine Magenverstimmung. Ihre Großmutter forderte sie auf, sich hinzulegen, und hielt die Hände auf den gestörten Bereich. Sie ließ die Hände einfach eine Weile liegen und entspannte sich. Es funktionierte. Kurz darauf war der Schmerz verschwunden, das Kind stand auf und war für das nächste Abenteuer bereit. Die Großmutter war früher Krankenschwester gewesen, doch dies war keine medizinische Heilung, sondern eher ein Beweis für instinktives Wissen um heilende Kräfte; die Großmutter legte noch bei anderen Gelegenheiten dem Kind die Hände auf, um Schmerzen zu lindern. Eine solche Berührung bringt Ruhe, Trost und mindert die Spannung. Dabei werden auch die verkrampften Nerven und Muskeln gelockert, die den Energiefluß behindern, und die frei fließende Energie erzeugt ein Gefühl der Harmonie oder Gesundheit. Gleichzeitig werden Vertrauen und Trost gespendet, denn beides fehlt uns oft, wenn wir krank sind. Auch durch alltägliche Gesten, etwa wenn wir jemand in den Arm nehmen oder seine Hände halten, vermitteln wir, daß wir uns um den Betreffenden sorgen, wir trösten ihn und zeigen ihm, daß wir ihn lieben und brauchen.

Da Krankheiten sehr häufig psychosomatische Ursachen haben, reicht dieser Trost durch die Berührung manchmal aus, um die Heilung zu bewirken. Kindern gegenüber geben wir unserem Instinkt, einen anderen Menschen in der Not zu berühren, viel mehr Raum; bei Erwachsenen fürchten wir dagegen, die Geste könnte als sexuelle Aufforderung statt als liebevoll und sorgend empfunden werden. Zwischen einer Mutter und ihrem Kind sehen wir immer wieder, wie durch Berührung geheilt wird, vom einfachen Kuß auf ein aufgeschürftes Knie bis zum Halten, Streicheln und Wiegen bei seelischer Not. Aus zahlreichen Studien[3] wurde deutlich, daß Berührung geradezu lebenswichtig ist, und daß wir tatsächlich einen geistigen Schaden erleiden oder sogar sterben können, wenn uns alle Hautkontakte genommen werden. Das deutlichste Beispiel sehen wir direkt nach einer Geburt. Wir wissen alle, daß Tiere unmittelbar nach der Geburt ihre Jungen ausgiebig ablecken. Erst danach kämpft sich das Neugeborenen auf die Beine und beginnt zu säugen.

Im Gegensatz zu Menschen haben Tiere relativ kurze Geburtskanäle, so daß die Geburt recht schnell vor sich geht. Das Lecken, das danach folgt, dient nicht nur dem Trocknen der Haut; es stimuliert zugleich den Blutkreislauf, das Atem- und Verdauungssystem, die Nerven und das endokrine System und hilft damit dem Tier buchstäblich »ins Leben«. Ohne dieses Lecken (zum Beispiel wenn das Muttertier bei der Geburt stirbt) kann das Junge ebenfalls sterben, wenn kein anderes Tier oder ein Mensch diese Körperprozesse in Gang bringt.

Bei Menschen erfüllen die insgesamt 8 bis 15 Stunden dauernden Muskelkontraktionen während der Wehen den gleichen Zweck wie das Lecken, denn durch sie werden die Körperfunktionen des Kindes angeregt und auf das Leben vorbereitet. Bei Frühgeburten oder bei durch Kaiserschnitt entbundenen Kindern, die diese Phase der Geburt überspringen, ist eine erhöhte Anfälligkeit für Infektionskrankheiten festzustellen; oft sind sie auch lethargischer und lernen langsamer.

Die Bedeutung von Berührungen für die Entwicklung grundlegender menschlicher Qualitäten wurde im englischen Film »A Touch of Sensitivity« von Stephan Rose im Jahre 1979 belegt. Die Forschungsarbeiten zu diesem Film zeigten, was geschieht, wenn früh im Leben der physische Kontakt fehlt, während alle anderen Bedürfnisse befriedigt werden.

In mehreren Experimenten wurden neugeborene Affen durch eine Glasscheibe für unterschiedlich lange Zeit von den Müttern getrennt, die sie jedoch noch sehen, hören und riechen konnten. Eine Gruppe blieb dauerhaft getrennt, eine zweite Gruppe wurde im Laufe der Kindheit mehrmals bis zu jeweils vierzehn Tagen getrennt. Die Angehörigen der ersten Gruppe, die unter schwerer taktiler Deprivation litten, mieden einander später, sie waren aggressiv, hatten Schwierigkeiten mit der

Kooperation und neigten zur Isolation, denn sie hatten große Probleme, funktionierende Beziehungen aufzubauen. Sie wurden zurückgezogen, entfremdet und unsozial. Die zweite Gruppe, die über kontrollierte Perioden den Körperkontakt bekommen hatte, wurde später sehr anhänglich und blieb im Bedürfnis nach Berührung kindlich. Sie wurden nie völlig erwachsen, sie waren fordernd, es fehlte ihnen an Selbstvertrauen, und sie waren äußerst abhängig.

Bei anderen Experimenten mit Affen wurden bei den völlig isolierten und auch bei den nur teilweise isolierten Tieren (in der letzteren Gruppe gab es bis zu vier Stunden täglich physischen Kontakt) schwere Gehirnschäden festgestellt. Auch bei diesen Experimenten wurden wie zuvor alle anderen sinnlichen Bedürfnisse befriedigt.

Weiter werden in dem erwähnten Film Kinder in der Intensivstation eines Krankenhauses gezeigt. Die Kinder mußten in steriler Umgebung gehalten werden, und deshalb fehlte es ihnen natürlich an Hautkontakt. Bei einem Experiment wurden die Kinder jeden zweiten Tag auf eine Decke aus Lammwolle gelegt. Nach einer Weile wurde deutlich, daß die Kinder, die diesen zusätzlichen Hautkontakt bekamen, schneller zunahmen und zufriedener wirkten als Kinder, die nicht auf die Decke gelegt wurden. An Tagen, an denen die Kinder auf den Wolldecken lagen, nahmen sie durchschnittlich fünfzehn Gramm mehr zu als gewöhnlich. Die Lammwolle gab ihnen ein Berührungsgefühl und eine taktile Stimulation, die ihnen sonst gefehlt hätte.

Wir wissen auch, daß fehlender Hautkontakt nicht nur bei jungen, sondern auch bei alten Menschen großes Leiden verursachen kann. Ashley Montague schreibt in seinem Buch *Touching: The Significance of the Human Skin* :

»Man muß nur beobachten, wie ältere Menschen auf eine Zärtlichkeit, eine Umarmung, ein Klopfen mit der Hand oder Händeschütteln reagieren, um zu erkennen, wie wichtig solche Erlebnisse für ihr Wohlbefinden sind ... Es ist zu vermuten, daß Verlauf und Ausgang vieler Krankheiten bei alten Menschen stark von der Qualität der taktilen Bestärkung abhängen, welche der Betreffende empfangen konnte ... Man darf annehmen, daß es die taktilen Erfahrungen vor und vor allem während einer Krankheit sind, die mitunter über Leben und Tod entscheiden ... Ein flüchtiger Kuß auf die Wange ist kein Ersatz für eine warme Umarmung, und ein höfliches Händeschütteln kann keine liebevolle, zärtliche Hand ersetzen.«[4]

Wir wissen nun, daß Berührung wichtig ist für die emotionale Sicherheit, für das Selbstvertrauen, für das Sicherheitsgefühl allgemein, für das Gefühl des Angenommenseins und für Freiheit von Störungen – sämtlich Qualitäten, die für ein harmonisches Wachstum entscheidend sind.

Die moderne Gesellschaft, in der wir leben, ermuntert uns nicht, uns häufig zu berühren; im Westen noch weniger als im Osten. Dort ist es normal, daß ein Kind während der ersten Lebensjahre ständig in physischem Kontakt mit der Mutter oder einem anderen Erwachsenen ist; die Familien schlafen eng beieinander, die Massage der Kinder ist ein selbstverständlicher Bestandteil des Alltags.

Im Westen haben wir eine Struktur geschaffen, in der Berührung nicht mehr vorkommt. Neugeborene werden in einen anderen Raum gebracht, wir haben Brust und Tragetuch durch Flasche und Kinderwagen ersetzt, und Massage ist heute etwas Anrüchiges.

Da wir uns so wenig berühren, haben wir auch den Instinkt für das Heilen verloren. Unsere medizinische Wissenschaft vernachlässigt die Bedeutung des menschlichen Kontakts; wenn jemand an Kopfschmerzen leidet, halten wir nicht einfach seinen Kopf und wiegen ihn, sondern wir bieten ihm Aspirin an. Heilen durch Berührung, genauer gesagt durch spezifische Berührungen an ganz bestimmten Stellen, um spezifische Effekte zu erreichen, ist eine angeborene Gabe, die jeder Mensch besitzt und, wenn er es wünscht, weiterentwickeln kann. Doch wir haben nie gelernt, wie man dies tut, und bis vor kurzem wurde diese Fähigkeit noch mißtrauisch beäugt und zur Welt des Okkultismus gerechnet. Doch in der ganzen Menschheitsgeschichte war diese Art zu Heilen ein selbstverständlicher Bestandteil des Lebens, eingebunden in Religion, Philosophie und Lebensstil.

In den Stammeskulturen wurden die Heiler sehr verehrt; die

Menschen, die Visionen, Träume oder mediale Fähigkeiten hatten, wurden ausgewählt und als Heiler oder spirituelle Führer geschult, um als Zauberdoktoren, Kahunas, Schamanen und Medizinmänner zu wirken. In der jüdisch-christlichen Tradition finden wir zahlreiche Legenden über Menschen, die Leiden lindern konnten, indem sie um göttliche Hilfe baten und die Hände auflegten.

Viele Jahrhunderte lang glaubten die Menschen, ihr Leben werde von einer Dimension jenseits ihres Wissens und Verständnisses beeinflußt. Dieses unbekannte Reich gab dem Leben einen Sinn und ein Ziel. Im dritten Jahrhundert entschied dann die Amtskirche, daß die Zeit der Wunder vorbei sei. Die Kirche behauptete, Gott habe Jesus erlaubt, Wunder und Heilungen zu wirken, um die Kirche im Bewußtsein und in den Herzen der Menschen zu verankern. Da dies nun erreicht sei, seien keine Wunder mehr nötig. Die Heilungen, die ein wichtiger und organischer Bestandteil des frühen Christentums und der Zeit davor gewesen waren, wurden von offizieller Seite mißbilligt, sie wurden mißtrauisch beäugt traten schließlich nicht mehr auf. Wenn ein Mensch krank wurde oder litt, nahm man an, daß sein Leben nicht mit dem Willen Gottes übereinstimmte. Deshalb mußte er für seine Sünden bestraft werden. Leider existiert diese Haltung heute noch; sie bildet die Grundlage der Moral und der Psychologie des Westens. Die Berührung hat ihre Bedeutung verloren, und daraus ist die einsame Welt geworden, wie wir sie heute kennen.

Es gibt jedoch deutliche Hinweise darauf, daß wir ein tieferes Verständnis der menschlichen Kräfte wiedergewinnen. Unsere kulturelle Konditionierung, unsere religiösen Lehren und die Vorstellungen darüber, was die Realität eigentlich ausmacht, stehen heute in Frage. Das Bild, das wir heute von uns selbst als menschliche Wesen haben, verändert sich, da die Weite des menschlichen Geistes offensichtlich wird. Diese Veränderung spiegelt sich wider in einer erhöhten Akzeptanz des Unerklärlichen, und dazu gehört auch die Wiedergeburt des Heilens.

Heute entwickelt sich eine Philosophie, die den Menschen als Dreiheit von Körper, Seele und Geist sieht, als Ganzheit dreier voneinander unterscheidbarer und doch untrennbar verbundener Facetten, deren jede dazu beiträgt, die Gesundheit des Ganzen zu erhalten. Techniken wie positive Verstärkung, Meditation, Visualisation und Tiefenentspannung sind mittlerweile recht verbreitete Behandlungsmethoden, und wie sich bei zahlreichen Massagetechniken zeigt, wird auch die Berührung heute als therapeutisch wirksames Mittel anerkannt.

Gerade die Massage hat sich in den letzten Jahren mit außerordentlicher Geschwindigkeit entwickelt. Es gibt heute in fast allen größeren Städten Massagekurse, die oft unter strengen juristischen Auflagen stattfinden, die eine lange Lehrzeit erfordern und bei denen detaillierte anatomische und physiologische Kenntnisse vermittelt werden. Viele Masseure erkennen heute, daß sie mit ihrer Arbeit mehr tun als nur verspannte Muskeln lockern.

Bei einer Behandlung – eine Stunde intensiven taktilen Kontakts – können Klienten mitunter erleben, wie sich alte emotionale oder geistige Traumata auflösen; danach stellen sie möglicherweise fest, daß Krankheiten, die nicht direkt behandelt wurden, ihr Erscheinungsbild verändern oder sogar ganz verschwinden.

Der Sinn der Massage besteht darin, Muskeln und Sehnen im Körper physisch zu entspannen. Doch dabei wird auch der Energiefluß im Körper erleichtert, die Nerven werden beruhigt, der Kreislauf wird angeregt, Spannungen im Verdauungstrakt werden abgebaut und Bereiche, in denen Nerven und Muskeln verkrampft sind, lockern sich. Dies geschieht auch dann schon, wenn die Massage sehr sachte und sanft ist. Es sind die Berührung und die Erleichterung durch diese Berührung, die zusammen mit der Zunahme von Energie den inneren Heilungsprozeß (durch die Auflösung der Blockaden) in Gang bringen.

Bei einer Massagebehandlung ist es nicht ungewöhnlich, daß der Masseur zunächst die Hände still auf verschiedene Körperteile legt; zum Beispiel könnte er eine Hand auf das Ende der Wirbelsäule und eine andere auf einen Fuß legen, und der Behandelte spürt im gleichen Augenblick einen Energiestrom zwischen den Händen des Masseurs durch sein Bein fließen. Dies ist Heilen durch Berührung, und Masseure mit großer beruflicher Erfahrung können instinktiv auf diese Weise arbeiten.

Es ist ganz natürlich, daß unsere Hände bei der Berührung auf Störungen reagieren; tatsächlich geschieht dies sehr häufig, ohne daß wir es bewußt bemerken. Massage ist nur ein Beispiel dafür. Andere sind die zahlreichen Heilmethoden, die heute gelehrt werden, etwa das Reiki (der japanische Ausdruck für das Kanalisieren von Energie zur Heilung), das Shiatsu (Berühren bestimmter Körperbereiche, um Energie über die Körperkanäle oder Meridiane fließen zu lassen) und die Polarity (eine Technik, bei welcher der Energiefluß im Körper durch Berührung ausbalanciert wird).

Während das Heilen und die Komplementärtherapien an Boden gewinnen, nimmt zugleich das Vertrauen in die Fähigkeit der Schulmedizin ab, wirkungsvoll mit Krankheit umgehen zu können. Medizinischen Spezialisten fällt es immer schwerer, mit der Zunahme chronischer oder »unheilbarer« Krankheiten Schritt zu halten, und der übliche Ansatz, nur den kranken Körperteil ohne Blick für das Ganze zu behandeln, kann nur eine teilweise oder vorübergehende Erleichterung bringen. Doch der Weg von der Schulmedizin zur Anwendung natürlicher Heilmethoden erfordert einen ganzheitlichen Ansatz und die Bereitschaft, die Verantwortung für uns selbst zu übernehmen.

Die meisten Menschen stellen Autoritäten nicht in Frage. Wir glauben, das Essen, das uns verkauft wird, sei nahrhaft und gut, und wenn wir krank werden, nehmen wir an, ein Arzt mit seinem ungeheuren Wissen über Arzneien könne uns wieder gesund machen. Wir übernehmen nicht die Verantwortung für die Auswahl unserer Nahrung, wir treiben keine Gesundheitsvorsorge, wir ergründen nicht die Ursachen unserer Probleme, wir heilen uns nicht selbst - alles Dinge, die wir viel leichter und mit größerem Erfolg tun können, als wir glauben.

Heilen durch Berührung ist eine einfache und natürliche Form der Therapie, die wir leicht und ohne großes Training lernen können, da sie ein unmittelbarer Ausdruck unserer Menschlichkeit ist. Das ganze Universum besteht aus Energie, und wenn wir jemand berühren, übertragen wir unsere Energie auf ihn. Wenn der Betreffende erschöpft oder auf irgendeine Weise in seinem Ausdruck behindert ist (was zu den physischen Problemen führte), dann können wir ihm Energie »geben« und das Gleichgewicht wiederherstellen. Auf diese Weise wirken wir als Mittler und sorgen dafür, daß durch eine Zunahme der Vitalität im Behandelten die Heilung stattfinden kann. Im Grunde können wir andere Menschen gar nicht heilen; wir können uns nur selbst heilen, denn die Heilung kommt aus unserer eigenen Zellstruktur – es ist eine regenerative Fähigkeit, vergleichbar mit der Fähigkeit der Haut, eine Schnittwunde durch Wachstum zu verschließen.

Ein anderer Mensch, etwa ein Arzt oder ein Heiler, kann nur als Mittler die richtigen Umstände erschaffen und im Körper die Freiheit herstellen, die nötig ist, damit dieser sich selbst heilt. Die Pillen, die ein Arzt verschreibt, verstärken die Widerstandskraft, damit der Patient die Infektion besser bekämpfen kann.

Der Heiler stimuliert und verstärkt mit seiner Berührung den Energiefluß in den Zellen, und mit Hilfe der vergrößerten Kraft und der empfangenen Energie wird dann die Heilung eingeleitet, was bedeutet, daß sich der Körper entsprechend seiner inneren Bedürfnisse selbst heilt.

Der Heiler weiß vielleicht gar nicht, welches diese Bedürfnisse sind, und es ist für ihn auch nicht wichtig – er ist nicht an den äußeren Manifestationen der Krankheit interessiert. Der Heiler gibt einfach Energie, und der Klient benutzt diese Energie je nach Bedarf, um sich selbst zu heilen, denn nur im Klienten selbst findet sich das wirkliche Wissen darüber, wo und warum ein Ungleichgewicht besteht.

Die Energie, die übertragen wird, kann die Energie des Heilers selbst sein oder aber eine Energie, die durch ihn strömt, ohne von ihm persönlich zu kommen. Letzteres wird »Channelling« genannt, und der Unterschied zwischen diesen beiden Formen ist sehr wichtig.

Das Heilen durch die Energie des Heilers wird als magnetisches Heilen bezeichnet. Dabei läßt der Heiler zu, daß der Klient wie ein Magnet seine Energie anzieht. Genau dies geschieht meist, wenn wir jemand instinktiv helfen, zum Beispiel, wenn eine

Mutter ihr verzweifeltes Kind hält; dabei wird persönliche Vitalität aus den eigenen Energiereserven übertragen. Es ist eine Freude, auf diese Weise zu geben, und der Nehmende fühlt sich danach besser, beruhigt und geliebt. Menschen, die sehr viel überschüssige Energie haben, sind von Natur aus Magnetheiler, und andere Menschen werden spüren, wie ihr Energiepotential in der Gegenwart dieser Heiler steigt. Doch wenn die Reserven des Heilers verbraucht sind, fühlt er sich matt und erschöpft, vielleicht ist sogar seine Gesundheit angeschlagen, und er muß eine »Pause« einlegen, um sich zu erholen.

Das Heilen durch Channelling führt nicht zu einer Erschöpfung oder Entleerung. Da hier keine persönliche Energie übertragen wird, entsteht auch kein Verlust, und meistens ist diese Art des Heilens für den Heiler ebenso vitalisierend wie für den Klienten. Channelling bedeutet, daß der Heiler Energie durch sich hindurchströmen läßt – es ist die Übertragung universeller statt persönlicher Energie; die persönliche Ebene ist nicht beteiligt. Der Heiler wirkt hier nur als Übermittler oder Umformer.

Auf diese Weise zu heilen ist weit einfacher, als die Beschreibung vermuten läßt, doch Voraussetzung ist die Fähigkeit, sich selbst loszulassen und für andere Bewußtseinszustände offen zu sein. Andererseits erfordert das Magnetheilen nichts weiter als eine gute Gesundheit. Dabei muß man sich nicht selbst aufgeben und braucht kein tieferes Verständnis. Der Wunsch zu helfen reicht völlig aus.

Viele beginnen mit dem Magnetheilen, schenken sich selbst in der Berührung und erforschen das Reich der Energie und des Heilens auf der persönlichen Ebene. Doch irgendwann stoßen wir auf Fragen oder erleben Gefühle, für die wir neue Erklärungen brauchen, und so beginnen wir, uns mit Gebet oder Meditation zu beschäftigen, wir studieren Parapsychologie oder die esoterischen Wissenschaften. All dies ist wichtig für das Channelling, denn in jedem Fall müssen wir zuerst uns selbst betrachten. Im nächsten Kapitel folgt eine detailliertere Erklärung.

Channelling kann stattfinden, wenn wir fähig sind, uns selbst aufzugeben, wenn wir die Bedeutung unseres Ich vergessen können, wenn wir zulassen können, daß Energie ohne unser Zutun durch uns strömt. Diese Energie kann als Reaktion auf eine tiefe Liebe und ein tiefes Mitgefühl für unsere Mitmenschen zu fließen beginnen, und sie verlangt von uns Geduld, Aufrichtigkeit und Ernsthaftigkeit. Doch es ist etwas, das jeder Mensch tun kann. Das Channelling gehört nicht ins Reich einiger weniger Auserwählter oder esoterischer Exzentriker. Es ist einfach eine Entwicklung, eine bewußte Erweiterung unserer natürlichen Fähigkeiten.

Wir entdecken die Bedeutung der Berührung; wir beginnen zu erkennen, daß wir durch gezielte Anwendung der Berührung heilen können; wir sehen, wie wir zu diesem Zweck unsere Energie geben können, und wir beginnen zu erkennen, daß dies kein Fortgeben unserer eigenen Energie sein muß. Und was noch wichtiger ist, wenn die Energie nicht persönlich ist, ist sie umso wirkungsvoller, die Resultate sind tiefer und dauerhafter und der Klient wird besser energetisiert.

Wenn Raum und Zeit zur Entdeckung vorhanden sind, kann jeder Mensch in sich eine Leere finden, in der das Göttliche liegt. Diese Leere ist kein negativer Zustand, sondern ein sehr positiver; es ist eine stille Leere, friedlich, freudvoll und belebend. Göttlichkeit ist der Begriff, den wir benutzen, um diesen Zustand des Friedens zu beschreiben. Es ist ein Zustand der Einheit mit dem Leben, aus dem sich zugleich alles Leben manifestiert. Der Begriff soll hier nicht im üblichen religiösen Sinne verstanden werden; er soll vielmehr einen Bewußtseinszustand symbolisieren, der außerhalb unseres gewöhnlichen Bewußtseins liegt und durch den wir eine Ebene der Erfüllung finden können, die uns in unserer normalen Welt nicht zugänglich ist.

Andere Begriffe, mit denen diese göttliche Ebene oft beschrieben wird, sind: das Höhere Selbst, die Quelle der Kraft, Gott, kosmisches Bewußtsein oder Gnade.

Dieser Zustand des inneren Friedens kann durch uns an andere vermittelt werden. Wir kanalisieren die Energie, doch es ist nicht unsere eigene Energie, sondern das Göttliche in jedem Menschen. Unsere Motivation ist das Mitgefühl, das wir empfinden, unsere Kraft ist die Freude, die dem Göttlichen innewohnt.

Wenn wir zu heilen lernen, entwickeln wir deshalb keine »besondere Begabung«; wir entdecken nur den wahren Frieden in uns selbst und lernen, ihn mit anderen zu teilen. Geduld und Übung vertiefen unsere Erfahrung und vergrößern unsere Fähigkeit, uns auf diese Energien einzustimmen.

In diesem Sinne ist Heilen weit mehr als eine rein körperliche Erfahrung. Heilen ist eine liebende Kraft, die es uns ermöglicht, die Grundursachen unserer Krankheiten loszulassen.

Wann immer ein Heiler jemand »behandelt«, arbeitet er in absolutem Vertrauen darauf, daß eine Veränderung möglich ist; und sie ist möglich, wenn wir Liebe empfangen und unsere Ängste vermindern. Diese Veränderung muß nicht unbedingt einen körperlichen Ausdruck finden. Vielmehr kann der Klient geistige oder emotionale Veränderungen erleben, etwa das Nachlassen von Schuldgefühlen oder Zorn; doch immer entsteht aus diesem Loslassen eine Heilung.

Die Erkenntnis, daß Heilung durch Berühren ein normaler Ausdruck unseres Lebens sein sollte, wird durch zahlreiche natürliche Beispiele für Heilungen bestärkt.

Ironischerweise haben wir vergessen, daß wir ein Teil der Natur und deshalb wie sie zum Heilen befähigt sind. Wenn ein Tier verletzt wird, zieht es sich an einen stillen, dunklen Ort zurück, um zu ruhen und dadurch soviel wie Energie wie möglich für den Heilungsprozeß freizusetzen; es fastet und erspart dem Körper so den Energieaufwand für die Verdauung; und es selbst oder ein anderes Tier leckt viele Stunden lang die Wunden und reinigt sie damit, während zugleich das ganze Tier beruhigt und getröstet wird.

Wenn wir Menschen krank werden, wissen wir nicht, was wir zu tun haben. Wir liegen im Bett und sehen fern (was mitunter eher aufregen als beruhigen kann); wir essen Eis (das keinen großen Nährwert hat und wertvolle Energie für die Verdauung beansprucht); wir verlagern die Verantwortung auf unseren Arzt; oder wir geben stoisch vor, wir seien gesund, verhalten uns wie immer und ignorieren die Botschaften unseres Körpers.

Wir haben den Kontakt zu unseren Instinkten verloren. Doch genau wie wir lachen, weinen oder atmen können, vermögen wir auch zu heilen. Das Heilen ist ein angeborener Teil unseres Daseins, es ist eine natürliche, regenerative Fähigkeit, die allen Lebensformen selbstverständlich ist.

Indem wir die Gesetze der Natur und des Göttlichen zusammenbringen, können wir mühelos unsere selbstauferlegten Beschränkungen überwinden. Wir können uns bewegen, wir können uns von Restriktionen und Repressionen befreien, wir können intensiver leben.

Ein Samenkorn braucht Erde, Regen und Sonne, um sein volles Potential zu entfalten. Es benutzt diese Elemente, doch das Wachstum kommt aus dem Samen selbst. Auf die gleiche Weise brauchen auch wir Nahrung, Wärme und eine liebevolle Umgebung, um zu wachsen. Berührung ist ein wesentlicher Bestandteil dieser liebevollen Umgebung.

Genau wie die Erde das Samenkorn behütet, müssen auch wir behütet und gehalten werden. Die Bedeutung von Berührung wird besonders deutlich, wenn sie uns fehlt, denn ohne Berührung entfremden wir uns und werden verwirrt. Wenn wir aber berührt werden, blühen wir auf, wir wachsen und sind gesund.

II. Kapitel

Der Beginn

Wenn wir uns die Zeit nehmen, die Lehren der großen Meister und Weisen dieser Welt zu betrachten, finden wir zahlreiche Gemeinsamkeiten. Alle sprechen von Liebe, von bedingungsloser und mitfühlender Liebe, als notwendiger Voraussetzung für wirklichen Frieden und wirkliches Glück. Durch diese Liebe können wir uns von Schmerzen und Leiden befreien.

Bedingungslose Liebe ist eine Liebe ohne Beschränkungen, Grenzen oder Voraussetzungen. Man liebt einen anderen Menschen einfach, weil man liebt, und nicht, weil der Geliebte etwas Besonderes ist oder tut. Die Liebe ist beständig und unabhängig von äußeren Ereignissen, weil sie nicht darauf beruht, daß spezifische Bedürfnisse oder Erfordernisse erfüllt werden. Es ist Liebe um ihrer selbst willen.

Mitgefühl oder liebevolle Freundlichkeit ist der objektive Ausdruck der bedingungslosen Liebe. Es gibt keine persönliche Beteiligung; vielmehr kommt die Motivation zum Handeln aus der Tiefe des Mitgefühls und Verstehens.

Viele von uns leben in einem Zustand der Bedürftigkeit, ob es nun um materielle Dinge oder um den Wunsch geht, Ereignisse oder Menschen in unserem Leben zu kontrollieren und zu manipulieren. Und wenn wir Heiler sein wollen, entspringt auch dieser Wunsch häufig der Ebene persönlicher Bedürftigkeit.

Wenn wir heranwachsen, werden wir von einer Welt konditioniert, die auf materieller und sozialer Leistung beruht. Wir leiden, wenn wir diese Dinge verlieren, und wir bringen ungeheure Energien auf, um weitere Schätze, Macht oder Ruhm zu gewinnen.

Es überrascht nicht, daß wir diese Konditionierung auf das Feld der Heilkünste übertragen, denn der Weg der Selbstlosigkeit ist ein sehr anspruchsvoller Weg.

Unsere Wünsche sind die motivierende Kraft unseres Lebens.

Wenn sie nicht erfüllt werden, entstehen Frustration, Wut und Verdruß. Wenn wir fähig wären, unsere Wünsche loszulassen, könnten wir uns damit zugleich von diesem Leiden befreien.

Wir brauchen uns nicht unsere Wünsche zu verkneifen, um sie loszulassen; es geht eher darum, die Erfüllung im Inneren von uns selbst zu finden, so daß es keine große Rolle spielt, wenn äußere Wünsche nicht erfüllt werden.

So leiden wir beispielsweise nicht, weil uns Geld fehlt, sondern weil wir gern mehr davon hätten. Wenn wir unseren inneren Frieden fänden, könnten wir mit dem zufrieden sein, was wir haben. Vielleicht brauchen wir dann immer noch mehr, aber dieses Bedürfnis stört nicht unseren inneren Frieden und schafft keine Unruhe.

Wenn wir wirklich effektiv arbeiten wollen, ist dies die Richtung, in die wir uns bewegen müssen. Wenn wir Energie kanalisieren wollen, müssen wir uns selbst und unsere Bedürfnisse loslassen, und dies erfordert große Ehrlichkeit mit uns selbst.

Welches sind unsere Motive? Sind wir wirklich fähig, bedingungslos zu lieben? Wie wichtig ist es uns, mehr Geld zu bekommen? Nehmen wir uns genug Zeit zum Alleinsein und um in uns selbst zu blicken?

Der Blick nach innen

Die Weisen sprachen nicht nur von bedingungsloser Liebe, sondern auch von Gebet oder Meditation. Das bedeutet, das Bewußtsein still werden zu lassen, denn dadurch können wir den Kontakt zu unserem inneren Wesen und zu anderen Bewußtseinsebenen aufbauen.

Viele Schriften verweisen uns auf diese sehr praktische Form der Kontemplation als Weg zu selbstlosem Mitgefühl. Sie ist das Werkzeug, mit dem wir uns selbst besser verstehen können und mit dem wir die Stille in uns finden, durch welche sich unsere Konditionierung und unser Leiden auflösen lassen. Dies ist der Weg, auf dem wir unsere eigene Göttlichkeit entdecken und die Fähigkeit entwickeln, sie mit anderen zu teilen.

Bevor wir aber weiter über das Heilen sprechen, müssen wir die Grundlage klären, auf der das Heilen funktionieren kann. Wie wir im ersten Kapitel bereits sahen, ist all dies nicht erforderlich, wenn wir einfach nur unsere eigene Energie einem anderen Menschen geben.

Doch wenn wir anderen auf einer tieferen und weniger persönlichen Ebene helfen wollen, muß ein besseres Verständnis unser selbst und der Weg zu diesem Verständnis die Grundlage unserer Arbeit bilden.

Wir können anderen nur insoweit helfen, als wir uns selbst geholfen haben.

Wenn wir nicht in uns geblickt und liebevoll akzeptiert haben, was sich dort findet, können wir auch keinen anderen Menschen veranlassen, seine eigenen unsichtbaren Krankheitsmuster loszulassen.

Wenn wir keinen Frieden mit uns selbst geschlossen haben, können wir auch keinem anderen Menschen helfen, seinen inneren Frieden zu finden.

Wenn wir nicht gelernt haben, unserer inneren Stimme zu lauschen, werden wir auch nicht die Stimme eines anderen verstehen können.

Deshalb beginnt das Heilen daheim. Jeder Weg zur Selbstfindung beginnt mit dem Lernen von Entspannung. Gemeint ist damit wirkliche Entspannung, bei der nicht nur der Körper ruht, sondern auch das Bewußtsein. Durch diese Entspannung schaffen wir den inneren Raum, in dem wir uns forschend weiterbewegen können.

Die meisten Menschen glauben, zur Entspannung reiche es aus, sich in einen bequemen Sessel zu setzen, die Füße hochzulegen und der Welt ein paar Minuten lang ohne unser Zutun ihren Lauf zu lassen. Auf diese Weise mag unser Körper Ruhe finden, doch die Entspannung unseres Bewußtseins ist nicht ganz so einfach.

Normalerweise läuft in uns ein ständiger innerer Monolog ab, der jeden verfügbaren Raum erfüllt, und es ist kaum möglich, ihn einzustellen, denn auch bei diesem Versuch ist immer noch das Bewußtsein im Spiel. Vielmehr müssen wir unsere Energie vom Bewußtsein ablenken und auch den bewußten Versuch aufgeben. Dies kann man durch die im Kapitel 8 beschriebene Tiefenentspannung erreichen.

Durch regelmäßige Übung wird uns auch die Entspannung, genau wie Autofahren oder Klavierspielen, mit der Zeit selbstverständlich. Wenn wir uns entspannen, lassen wir unser gewöhnliches Selbst los und entdecken neue Seiten in uns.

Deshalb ist es zu Beginn sehr wichtig, unseren Ausgangspunkt so zu akzeptieren wie er ist und nicht mehr sein zu wollen, als wir tatsächlich sind.

Wenn wir uns selbst akzeptieren, lernen wir, den Menschen zu lieben, der wir gerade sind anstelle des Menschen, der wir sein möchten.

Wenn wir uns selbst akzeptieren und lieben ohne zu urteilen, können wir auch andere bedingungslos akzeptieren und lieben, statt sie verändern zu wollen oder auch nur zu wünschen, sie wären anders.

Während sich unsere Entspannung vertieft, machen wir vielleicht unerwartete Erfahrungen; wir könnten Farben, Licht oder Symbole sehen, wundervolle Musik hören oder sogar einer inneren Stimme lauschen.

Vielleicht entsteht auch ein Zustand absoluter Stille, der sich anfühlt, als würden wir nicht einmal mehr atmen. Doch was auch immer geschieht, wir sind in diesem Augenblick nur Beobachter.

Wir sind begierig, materiellen Besitz anzusammeln, und genauso begierig könnten wir werden, spirituelle Erfahrungen zu machen und sie als Zeichen großer Macht zu bewerten. Doch wenn wir uns an einen Wegweiser klammern, gelangen wir nicht in das Land, zu dem er uns weist. Wenn wir loslassen, werden die Erlebnisse tiefer.

Von der Entspannung können wir weitergehen zur Meditation. Wir müssen uns nicht entspannen, bevor wir meditieren, doch die Entspannung hilft uns, mit dem stillen Raum in Berührung zu kommen, aus dem die Meditation erwächst.

Meditation bedeutet nicht, mit geschlossenen Augen dazusitzen und sich friedlich zu fühlen – sie geht weit über Entspannung hinaus und ist ein sehr zielgerichteter innerer Vorgang.

Meditation entwickelt sich in drei Schritten: von der Konzentration über die Kontemplation zur wahren Meditation, bei welcher das Selbst auf einer absoluten Ebene mit dem Göttlichen verschmilzt.

Wir beginnen mit der Konzentration, die sich durch die Entspannung bereits entwickelt hat. Es gibt viele Konzentrationstechniken, und jeder mag die benutzen, die ihm am besten erscheint. Doch wie auch immer die Technik aussieht, es wird immer darum gehen, dem Bewußtsein einen Gegenstand zu geben, auf den es sich konzentrieren kann, so daß die Energie, die wir sonst auf unser Wachbewußtsein verwenden, freigesetzt wird.

Die meisten Konzentrationsmethoden haben mit der Atmung zu tun. Jedes Lebewesen atmet, und der Rhythmus unserer Atmung spiegelt den Rhythmus des Universums.

Durch Konzentration dringt das Bewußtsein tiefer, bis sich sogar das Objekt unserer Konzentration auflöst und wir in einen Zustand reiner Konzentration gelangen. Dadurch werden wir eins mit dem Göttlichen in uns, und unser egoistisches Selbst verliert seine Wichtigkeit.

Es gibt zahlreiche Meditationstechniken; bei einigen werden Visualisationen benutzt, bei anderen Klänge (Mantras). Es gibt viele Formen der Visualisation, die unsere Kreativität anregen und die Türen zu einer umfassenderen Wahrnehmung aufstoßen können. Einige Techniken sind in Kapitel 8 beschrieben.

Andere Methoden, mit denen wir unser Bewußtsein beruhigen und uns selbst weiter erforschen können, sind Yoga oder Tai Chi.

Yoga bedeutet Einheit, vereinigen, in Einem zusammenkommen. Yoga umfaßt Atemtechniken, Entspannung, Meditation und Asanas oder Körperhaltungen. Diese Asanas werden in vollem Bewußtsein ausgeführt; dabei bewegt man sich sehr langsam, um den Körper zu strecken und zu stärken und das ganze Sein zu beleben. Yoga ist in sich selbst schon ein vollständiges System zur Krankheitsvorsorge und zur Bewahrung von körperlicher, geistiger, emotionaler und spiritueller Gesundheit.

Tai Chi ist eine chinesische Bewegungsmeditation, deren verschiedene Stellungen ebenfalls sehr langsam und mit absolutem Bewußtsein eingenommen werden, um einen Zustand tiefer Konzentration zu erreichen. Auch diese Methode regt wie Yoga den Körper an und wirkt sowohl auf der physischen als auch auf der psychischen Ebene.

Lauschen lernen

Diese Übungen sind ein Weg, um die Fähigkeit zu entwickeln, unserer inneren Stimme zu lauschen. Die meisten Menschen erleben diese Stimme als Intuition, als Gefühl im Bauch, das uns etwas sagt und das oft im Widerspruch zu allen Erwartungen steht.

Wenn wir bewußt auf diese Stimme hören, erkennen wir, daß sie unser Höheres Selbst ist, ein Aspekt unseres Seins, der jenseits unseres normalen Bewußtseins liegt und der uns anregen oder ermutigen kann, ein tieferes Verständnis zu erlangen. Wenn wir fähig sind, unserer inneren Stimme zu lauschen, können wir auch die innere Stimme anderer Menschen vernehmen. Das bedeutet, uns auf einer völlig neuen Ebene auf einen anderen Menschen einzustimmen.

Es ist mitunter schon im Alltagsleben schwer, zu hören, was jemand wirklich sagt, und es ist noch schwerer, seinem inneren Wesen zuzuhören. Doch jeder Mensch hat den Wunsch, sich auf dieser tieferen Ebene mitzuteilen, und es kann eine ganz außerordentliche Erleichterung sein, wenn wir erkennen, daß unser Gegenüber uns auf dieser Ebene »sieht« oder hört.

Weiterhin können wir unsere Empfänglichkeit entwickeln, indem wir ganz einfach einen Stein halten oder einen Baum berühren. Alle Materie besteht aus Energie, und selbst ein Stein hat eine Schwingung, die wir fühlen können. Wenn wir mit geschlossenen Augen still sitzen und einen Stein oder einen Kiesel in den Händen halten, können wir seine Eigenschaften spüren und uns auf diese neue Form der Wahrnehmung einstimmen. Manche Muscheln und Steine sind Millionen Jahre alt, und wenn wir einen Stein auf diese Weise halten, können wir es spüren und sogar visualisieren.

Auch Bäume vibrieren vor Energie. Wenn wir im Stehen einen

Baum umarmen oder uns an einen Stamm lehnen, können wir »fühlen«, wie die Energie des Baumes uns durchströmt, wir können mit dem Baum eins werden.

Oder wir stehen am Strand und hören mit geschlossenen Augen der Brandung zu und spüren, wie das Wasser uns durchflutet. Probieren Sie diese Übungen vor und nach einer tiefen Entspannung oder Meditation aus und betrachten Sie den Unterschied.

Diese Übungen helfen uns, für andere Schwingungsebenen, für andere Manifestationen der Energie, offener zu werden, und sie geben uns zu erkennen, daß das Leben nicht immer das ist, was wir glauben.

Viele Manifestationen des Lebens können wir nicht immer sehen, aber wir können sie spüren; wir können sie mit unserem inneren Auge erkennen oder mit dem inneren Ohr vernehmen.

Wenn wir unsere Empfänglichkeit entwickeln, können wir uns besser auf einen anderen Menschen einstimmen und schließlich sein inneres Wesen »sprechen« hören.

Die Haltung

Während wir lernen, zu lauschen und Energie zu kanalisieren, müssen wir gleichzeitig lernen, uns selbst zu heilen. Wenn wir an einem spezifischen körperlichen Problem leiden, müssen wir vielleicht eine Weile selbst Klient sein und uns einer heilenden Therapie unterziehen.

Wenn wir keine großen körperlichen Probleme haben, sollten wir unsere Aufmerksamkeit auf unseren geistigen und emotionalen Allgemeinzustand richten.

Während der Übungen selbst sollten wir frei von Streß und persönlichen Problemen sein und unser Alltagsleben eine Weile zurückstellen, damit wir nicht die Arbeit beeinträchtigen.

Wenn wir mit anderen Menschen arbeiten, sollten wir uns immer wieder Zeit nehmen, für uns allein zu sein, unsere Unvollkommenheit anzunehmen und unsere Schwächen in Stärken zu verwandeln.

Wir sind nicht vollkommen, denn wenn wir es wären, wären

wir erleuchtet! Wir beginnen mit dem, was wir sind und lernen auf dieser Ebene Aufrichtigkeit, Verständnis, Demut und bedingungslose Liebe zu uns selbst wie zu anderen.

Es ist nicht leicht, völlig aufrichtig mit sich selbst zu sein und zu akzeptieren, was man findet. Wie reagieren wir, wenn jemand unser Auto verbeult? Oder wenn jemand über uns tratscht? Werden wir wütend, wenn jemand uns anbrüllt? Lassen wir uns von unseren Sorgen niederdrücken? Fallen wir leicht in Depressionen?

Die Antworten auf diese Fragen könnten unseren Wunsch offenbaren, das Leben möge anders sein, es könnte irgendwie besser sein, wenn wir mehr besäßen oder mit angenehmeren Menschen zusammenlebten oder nicht soviel Arbeit hätten. Diese Haltung entsteht, wenn wir die Antworten außerhalb von uns selbst statt in uns suchen. Vielleicht wollen wir die Welt verändern. Doch die Wahrheit ist, daß die Welt sich verändert, wenn wir uns selbst verändern, denn dann sehen wir sie mit anderen Augen.

Unsere Einstellung zum Leben bestimmt, wie dieses Leben sich manifestiert. Die Taten folgen den Gedanken. Ist Ihnen aufgefallen, wie bei Menschen, die sich ständig verfolgt fühlen, immer etwas schiefzugehen scheint? Und wie Menschen, die optimistisch und fröhlich sind, anscheinend nie unter Problemen leiden? Das ist keine Frage des Schicksals, sondern eine der Einstellung.

Jedem Menschen kann alles geschehen, das Leben ist unberechenbar und voller Widrigkeiten, doch unsere Einstellung bestimmt darüber, ob wir eine Erfahrung als positiv oder negativ empfinden.

Ein Beispiel dafür sind zwei Frauen, die beide an Krebs litten. Ein gemeinsamer Freund schilderte, wie eine dieser Frauen durch gute Ernährung vor dem Tod gerettet wurde. Er erzählte, daß die erste Frau depressiv wurde, als sie von ihrer Krankheit erfuhr. Sie veränderte ihr Leben nicht und aß die gleichen Dinge wie früher. Die zweite wollte sich vom Krebs nicht besiegen lassen, sie begann sich für Ernährung zu interessieren und veränderte ihre Eßgewohnheiten. Kurze Zeit später starb die erste Frau, während die zweite sich erholte.

Doch als der Freund sich auf die Ernährungsgewohnheiten versteifte, übersah er, daß der wirkliche Unterschied in der Einstellung lag. Nicht die Ernährung war entscheidend (obwohl natürlich die Ernährung beim Aufbau und der Erhaltung von Gesundheit eine wichtige Rolle spielt); vielmehr lag der Unterschied in der unterschiedlichen Haltung dieser beiden Frauen zu ihrer Krankheit. Die erste glaubte, sie müsse ohnehin sterben und sah deshalb keinen Sinn in einer Veränderung. Die zweite übernahm die Verantwortung für ihr Leben und gewann eine positive Lebenseinstellung.

Unser Verständnis vom Leben und unsere Lebensängste erzeugen in uns ein Gefühl der Krankheit oder des Wohlbefindens. Wir wissen natürlich, daß wir eines Tages sterben müssen, und daß unser Leben nicht ohne Schmerzen und Leiden verlaufen kann. Das ist eine ganz natürliche Angst, die man auch als Angst vor der Zukunft oder vor dem Unbekannten bezeichnen kann. Um dieser Angst etwas entgegenzusetzen, klammern wir uns an die Vergangenheit, denn selbst wenn diese traumatisch verlief, war sie relativ sicher, da wir sie ja überlebt haben.

Die Erkenntnis, daß weder das Leben noch irgend etwas anderes wirklich von Dauer ist, bietet uns den einzigen Weg, diese Angst zu überwinden und führt uns zugleich zur positivsten Einstellung, die wir nur haben können.

Es ist eine sehr fröhliche Erkenntnis, denn sie nimmt uns den Druck. Spielt materieller Erfolg wirklich eine so große Rolle? Ist es nicht wichtiger, unser Herz weiter der Liebe zu öffnen? Spielt es wirklich eine Rolle, was andere über uns sagen? Ist es nicht wichtiger, unser Mitgefühl zu entwickeln? Wie lang oder wie kurz ein Leben ist, mag unbedeutend werden, wenn man sich auf Tiefe und Sinn des Lebens konzentriert, und diese wiederum hängen von unserer Fähigkeit ab, unserem eigenen Herzen zu lauschen.

Als die amerikanischen Indianer zum erstenmal weiße Menschen sahen, sagten sie befremdet:»Der weiße Mann denkt mit dem Kopf statt mit dem Herz.«

Wenn wir mit dem Herzen denken und ihm lauschen, öffnen sich uns die Türen der Weisheit. Unser Kopf mag logischer und vernünftiger sein, doch unsere innere Stimme spricht aus dem

Herzen, und wenn wir ihr folgen statt dem Kopf, wird unser Leben unvergleichlich sinnvoller. Unser Verständnis vertieft sich.

Durch Entspannung und Meditation können wir diese innere Stimme finden, die aus einem Raum der Stille spricht, und von dort aus können wir einen Ausdruck für sie finden. Wenn wir in diesem Zentrum ruhen, wird unsere Haltung ausgeglichen, unser Ich verliert seine Bedeutung, und wir können objektiv sein ohne zu werten.

Wir müssen nicht immer so schrecklich betroffen sein; wenn etwas uns empört, dann können wir die Szene im Bewußtsein wiederholen und untersuchen, wie sie verlaufen wäre, wenn unser Ich nicht beteiligt gewesen wäre.

Wenn wir deprimiert sind, können wir uns an andere Augenblicke im Leben erinnern, in denen wir ähnlich deprimiert waren, aus denen wir aber voller Freude hervorgingen.

Letztlich ist alles nur Energie; unsere Interpretation dieser Energie entscheidet darüber, ob es uns besser oder schlechter geht.

Wenn etwas mißlingt, können wir die andere Seite der Münze betrachten und erkennen, welch positive Kraft in der Situation steckt, denn nichts ist völlig negativ – es ist immer auch das Gegenteil vorhanden.

Wenn wir traurig sind, können wir uns hinsetzen und uns an Augenblicke erinnern, in denen wir sehr glücklich waren, in denen wir gelacht haben. Wenn wir uns an dieses Gefühl erinnern, sehen wir, daß Trauer und Glück nur von unserer Haltung in diesem Augenblick abhängen. Wir denken unser Leben lang, wir würden von äußerlichen Ereignissen beeinflußt, doch in Wirklichkeit werden wir nur von unserer Haltung beeinflußt.

Motivation

Wenn wir unser Verständnis entwickeln, müssen wir nicht nur unsere Haltung genau betrachten, sondern auch untersuchen, aus welchen Motiven wir etwas tun.

Offenbar gibt es ein Bedürfnis, auf irgendeine Weise der Menschheit zu dienen. Es muß diese ursprüngliche Motivation sein, die uns veranlaßt, uns auf die Suche zu begeben. Doch halten wir uns für den, der die Heilung vornimmt, für den Heiler? Antworten wir auf eine entsprechende Bitte mit den Worten: »Ich kann dich heilen«? Und auch wenn wir es nicht aussprechen, haben wir nicht trotzdem das Gefühl, wir besäßen eine außergewöhnliche Heilungskraft?

Das Ich ist sehr leicht zu täuschen, und Ehrlichkeit uns selbst gegenüber ist nicht immer bequem. Wie einfach ist es, etwas zu tun und uns dabei einzureden, wir handelten ohne jeden Gedanken an uns selbst, um dann festzustellen, daß wir enttäuscht reagieren, wenn es nicht funktioniert, wie wir hofften. Die Enttäuschung zeigt uns, wie sehr wir persönlich beteiligt waren. Im Idealfall sollte es für uns keinen Unterschied machen, ob es einem Klienten nach einer Behandlung besser geht oder nicht, denn es sind nicht wir, die die Heilung vollziehen. Doch oft fühlen wir uns als Versager, wenn ein Klient keine Fortschritte macht, und wir sind begeistert, wenn es ihm besser geht. Beide Gefühle sind Hinweise auf unsere Beteiligung. Von den Ereignissen distanziert zu sein bedeutet nicht, kühl oder gleichgültig zu sein. Es bedeutet, auf einer tieferen Ebene des Mitgefühls und der Demut zu sein und das Selbst beiseite zu lassen.

Der Glaube, wir könnten heilen, weicht auf dieser Ebene dem tieferen Wissen, daß wir nur Agenten für die Heilung sind. Wir können keinen anderen Menschen heilen, wir können nur dazu beitragen, daß die richtige Umgebung für die Heilung entsteht. Die Erde erschafft nicht die Blumen, die in ihr wachsen; sie bietet nur die richtige Umgebung. Die Erde reagiert nicht, wenn eine Knospe nicht aufblüht oder wenn ein winziger Same zu einem prächtigen Baum heranwächst. Die Erde schafft die Umgebung zum Wachstum, indem sie einfach da ist, nicht indem sie etwas bestimmtes tut; und die Erde ist und bleibt, was sie ist, unabhängig von den Dingen, die sich auf ihrer Oberfläche manifestieren.

Haben wir unseren Frieden gefunden? Wollen wir jemand anders verändern? Sollen andere von uns glauben, wir besäßen eine besondere Begabung? Und selbst wenn wir akzeptieren, daß nicht wir die Heilung vollziehen, wollen wir dann nicht dennoch als der gelobt werden, der die Energie kanalisiert und eine vollkommene Umgebung entstehen läßt? Wie leicht sind wir doch zu täuschen!

Wenn ein Klient mit einer bestimmten Krankheit zu uns kommt, liegt es nahe, die Behandlung auf die Heilung dieses konkreten Problems zu konzentrieren – wir wollen ihm die Schmerzen nehmen und tun deshalb, was wir für nötig halten, um die Schmerzen zu lindern.

Doch wenn wir dies tun, sind wir bereits persönlich beteiligt, weil wir unterstellen, wir wüßten, was der Klient braucht.

Dabei übersehen wir, daß nur der Klient selbst tief in seinem Inneren weiß, was er braucht; und dieses Wissen muß nicht einmal bewußt sein.

Ein körperliches Trauma könnte die Folge eines emotionalen oder geistigen Traumas sein, das im Unterbewußten verschlossen ist. Wenn wir versuchen, die körperlichen Schmerzen zu vertreiben, beschränken wir womöglich den Raum, den das tiefere Trauma brauchen würde, um sich zu manifestieren und aufzulösen.

Wenn wir uns auf die Symptome konzentrieren, ignorieren wir die Ursachen. Wir müssen das ganze Wesen behandeln und zulassen, daß die Heilung ohne unser Zutun geschieht. Auf diese Weise stimmen wir uns auf tiefere Zusammenhänge ein und verwickeln uns nicht in äußere Manifestationen.

»Unsere Verantwortung als Heiler liegt darin, die Ursache hinter jener Ursache zu erkennen, die als Auswirkung in dieser Welt erscheint. Wir müssen erkennen, wie die Energiemuster im menschlichen Körper und in der Welt wirken und schließlich den verborgenen Gott entdecken, der jedem Menschen innewohnt.«[5]

Unsere Motive zeigen sich auch in unseren Beziehungen. Wenn unsere Erfahrung und unser Selbstvertrauen beim Heilen wachsen, sammeln sich vielleicht Jünger um uns, wir werden eine Leitfigur, andere lehnen sich an uns, weil sie Unterstützung und Hilfe suchen. Klienten werden von uns abhängig, rufen oft an oder wollen uns sehen.

Ist das wünschenswert? Ein Gefolge zu haben bedeutet nicht unbedingt, daß wir einen gut funktionierenden Kanal haben; es spricht einfach nur für persönliche Anziehungskraft und Beteiligung.

Es ist nichts dagegen zu sagen, als Therapeut oder Ratgeber zu arbeiten; dies kann eine natürliche Erweiterung des Heilens sein, da eine Behandlung oft verborgene Konflikte freisetzt, die einen Ausdruck und einen verständnisvollen Zuhörer finden müssen.

Doch es ist auch wichtig, unsere Klienten zu ermutigen, ihre eigene Kraft zu finden und Verantwortung für ihr Leben zu übernehmen. Wenn wir Abhängigkeit fördern, hindern wir sie daran, ihre innere Freiheit und ihre Potentiale zu entdecken. Statt in sich selbst zu blicken, schauen sie dann nach draußen und suchen die Antworten bei uns. Wenn wir uns zu sehr auf unsere Klienten einlassen, sollten wir im Geiste innehalten, unsere Handlungen objektiv betrachten und uns vergewissern, daß unsere Motive nicht auf persönlichem Streben beruhen.

Sich selbst entdecken

Inzwischen dürfte klar sein, daß zur Arbeit eines Heilers, der Energie kanalisieren kann, weit mehr gehört als nur jemand zu berühren. Es ist in Wirklichkeit ein Weg der Selbstfindung, bei dem zugleich die Selbstfindung anderer gefördert wird.

Wenn wir uns auf diesen Weg begeben, brauchen wir eine gewisse Grundausrüstung, die unser Überleben und unser Weiterkommen gewährleistet. Dazu gehören Meditation (damit wir die verborgenen Hinweisschilder finden), eine mitfühlende Haltung (damit wir akzeptieren können, was immer wir finden) und Beständigkeit (damit wir uns nicht von angenehmen Nebensächlichkeiten ablenken lassen). Wichtig ist auch ein Grundwissen in Anatomie und Physiologie – wir sollten wissen, wo die wichtigen Organe liegen und was sie tun (wir sollten also mit unserer Landschaft vertraut sein).

Auch ein Verständnis anderer Heiltechniken und Therapien kann nicht schaden, denn es könnte sein, daß andere Antworten gefragt sind als die, die wir gewöhnlich geben (etwa wenn unser Klient spezifische Hilfen wie Counselling oder eine Ernährungsberatung braucht).

Wenn wir unsere Reise beginnen wollen, brauchen wir auch ein gewisses Maß an Furchtlosigkeit und Selbstvertrauen. Es ist wichtig, daß wir keine Angst davor haben, mit schweren Krankheiten oder mit dem Tod in Berührung zu kommen, und daß wir keine Schwierigkeiten haben, über diese Themen zu sprechen.

Wer sich mit dieser Vorstellung nicht wohlfühlt, sollte zumindest einige Therapeuten oder Ratgeber kennen, an die er seine Klienten weiterverweisen kann.

Und wir müssen zuversichtlich sein und die Reise in der Gewißheit antreten, daß vor uns Zeiten des Zweifels und des Fragens liegen, aber auch Zeiten der Freude und der Klarheit.

Es wird Gelegenheiten geben, bei denen wir eine Energetisierung brauchen, wenn der Pfad zu steil wird und wir uns erholen müssen. Wir können dies durch Entspannung und Meditation tun, indem wir still im Garten sitzen oder auch nur spazieren gehen, vielleicht am Meer oder durch einen Wald. Eichen, Platanen und Wasserbuchen sind besonders energiereich. Sitzen Sie eine Weile mit dem Rücken an einem Baum und beobachten Sie, was geschieht. Wir sind ein Teil der Natur und können deshalb durch den Kontakt mit unserer Quelle aufgeladen werden. Auch wir sind darauf angewiesen, Energie zu empfangen. Wie wir fähig sind, Energie durch uns zu einem anderen Menschen zu kanalisieren, müssen wir auch Energie für uns selbst empfangen.

Vielen Menschen, die gern geben, fällt das Empfangen schwer, doch wenn wir etwas aufnehmen, geben wir anderen die Gelegenheit, etwas zu schenken.

Uns selbst zu lieben bedeutet, zu uns selbst so freundlich zu sein wie zu anderen und uns selbst mit der gleichen Achtung zu behandeln wie andere. Niemandem ist gedient, wenn wir unsere eigenen Bedürfnisse vernachlässigen. Auch wir brauchen hin und wieder eine Heilbehandlung oder eine Massage, damit unsere Energie frei fließen kann und damit wir unseren Weg fortsetzen können.

36

Heilen durch Berührung ist ein natürlicher Ausdruck unserer Menschlichkeit. Auf dem Weg von dem, was wir sind, zu dem, was wir werden können, gewinnen wir außerordentliche Freude und ein neues Lebensgefühl, ein tieferes Verständnis für alle unbeantworteten Fragen und eine grenzenlose, allesumfassende Liebe. Es ist die reine Lebensfreude.

III. Kapitel

Spannung und Entspannung

Wenn wir körperlich krank sind, verändert sich unweigerlich auch unsere Sicht des Lebens, unsere geistige und emotionale Stabilität nimmt ab, und wir fühlen uns frustriert oder hoffnungslos.

Wenn wir deprimiert, unglücklich oder wütend sind, leiden wir umgekehrt im allgemeinen auch körperlich. Wir bekommen Kopfschmerzen, uns wird schlecht oder die Muskeln schmerzen.

Wenn wir dagegen glücklich und fröhlich sind, fühlt sich auch unser Körper lebendig, kraftvoll und gesund an.

Bewußtsein und Körper sind direkt verbunden – das eine kann nicht ohne Auswirkung auf das andere beeinflußt werden. Auf Gedanken folgen Taten – wir werden, was wir denken. Dies ist sehr wichtig und muß verstanden werden, damit wir begreifen, was geschieht, wenn wir krank werden und uns wieder erholen.

Der moderne Mensch ist mit Krankheiten geschlagen; wir haben uns so an Kopfschmerzen, Erkältungen, Verstopfung oder sogar Krebs gewöhnt, daß wir gar nicht mehr wissen, wie selten Krankheiten eigentlich sein sollten.

Krankheiten sind so sehr ein Bestandteil unseres Lebens geworden, daß wir sie für den Normalzustand halten. Wir unterziehen uns zahllosen Operationen, wir schlucken ungeheure Mengen Arzneien, und unsere Gesundheit nimmt in unserem Denken soviel Raum ein, daß sie ohne weiteres Gesprächsstoff für mehrere Stunden bieten kann. Wir reden über körperliche Probleme, als hätten sie kaum etwas mit uns zu tun, als beträfen sie eben nur unseren Körper, dem irgend jemand anders eine Krankheit auferlegt hätte. Wir »haben« körperliche Schwierigkeiten wie ein ungeliebtes Stück Besitz.

Sie könnten in der Tat ein Stück Besitz sein, das wir nur ungern aufgeben wollen.

Unsere Krankheit ist ein Gefährte, und ein Leben ohne sie, ohne Besuche beim Arzt, ohne Rezepte und ohne Anlaß zum Klagen, ist beängstigend. Wir haben es so weit getrieben und so sehr den Kontakt mit Instinkt und Intuition verloren, daß wir glauben, Krankheit sei der Wille Gottes. Wir akzeptieren Krankheit als Tatsache, die außerhalb unserer Kontrolle liegt. Gesundheit sei nur etwas für jene auserwählten Glücklichen, die immer die Hauptgewinne ziehen - sie sind anders als wir anderen, die wir leiden müssen! Und als wäre dies noch nicht genug, übersehen wir völlig den Zusammenhang zwischen Gesundheit, Krankheit, unserer Lebenseinstellung und unserer Lebensart. Weil wir nicht anerkennen, daß Bewußtsein und Körper sich gegenseitig beeinflussen, können wir diesen Schritt nicht tun. Doch wir *sind* unser Körper.

Wir sind nicht der Körper eines anderen Menschen, und wir sind nicht von unserem eigenen Körper getrennt. Durch unseren Körper drücken wir uns aus und stellen Bezüge zur Welt um uns her. Unser Körper ist unser Ausdrucksmittel, und deshalb drückt er aus, wer wir sind.

Wenn unser Körper krank wird, ist ein Teil von uns erkrankt und nicht etwas von uns Getrenntes. Die Krankheit ist Ausdruck eines Ungleichgewichts in unserem Sein.

Doch da wir unser Bewußtsein nicht unter dem Mikroskop betrachten können, legen wir statt dessen unsere Zellen auf den Objektträger, und da wir uns so sehr auf den Körper konzentriert haben, haben wir das Wissen über seine unauflösliche Beziehung zum Bewußtsein verloren.

So bringen wir zum Beispiel das Bedürfnis, uns mitzuteilen und uns »Luft zu machen« nicht mit unserem Husten in Verbindung; statt dessen nehmen wir Mittel, die den Husten unterdrücken, und verdrängen damit zugleich unseren Konflikt.

Wir verbinden ein Spannungsgefühl in den Schultern nicht mit lange zurückgehaltenen Schuldgefühlen; und so senken sich irgendwann die Schultern, und wir bekommen Probleme mit dem Rücken. Die Schuld bleibt, wie sie ist.

Wir bringen einen Mangel an Spontanität oder unsere Unfähigkeit zum Loslassen nicht mit unserer Verstopfung in Verbindung. Statt dessen nehmen wir Abführmittel und behalten unsere fixierten Verhaltensmuster bei.

Eine tiefe Furcht oder Angst kann uns schon nach kurzer Zeit niederdrücken, unsere Begeisterung und unsere Energie dämpfen, bis wir unsere Widerstandskraft verlieren und krank werden.

Die Beziehung zwischen Bewußtsein und Körper ist so eng, daß es tatsächlich keinen Krankheitszustand gibt, der sich nicht auf eine psychologische oder emotionale Haltung zurückführen ließe. Verschiedene Körperteile reflektieren verschiedene psychologische Zustände, und in unserem ganzen Wesen findet ein beständiger Informationsaustausch statt:

»In den Heilberufen besteht heute weitgehende Übereinstimmung darin, daß Krankheit aus dem Bewußtsein entsteht, doch wir müssen dabei bedenken, daß unser Bewußtsein viele Ebenen besitzt. Dies ist leichter zu verstehen, wenn wir auf die Vorstellung zurückgreifen, daß wir in verschiedenen Körperteilen denken oder fühlen; jeder Bereich hat seine speziellen Funktionen. Was wir in Gedanken formulieren, wird sich irgendwo in uns niederschlagen und in dem Bereich ankommen, der in diesem Augenblick verspannt war. Jeder Augenblick ist neu und einzigartig, und doch fesseln wir ihn mit unseren Urteilen, unseren Ängsten und unseren Illusionen und sind deshalb nicht frei.«[6]

Die Krankheiten sind auf dem Vormarsch, weil der Druck auf uns beständig wächst.

Streß ist eine der Hauptursachen für Krankheit. Streß entsteht durch Frustration, Wut, Angst, Hoffnungslosigkeit, Furcht, Schock, Enttäuschung, böse Vorahnungen, Kummer, Schuld, Haß, Depression, Unsicherheit, Druck, Einsamkeit, Sorge, Besessenheit, Verzweiflung, Abneigung, Lärm und so weiter.

Streß baut sich auf, bis eine innere Spannung entsteht und die Muskeln sich verkrampfen. Verkrampfte Muskeln behindern den Blutstrom und die Funktionsfähigkeit der Nerven. Diese wiederum beeinflussen das Drüsensystem. Das Wohlbefinden unseres Körpers hängt davon ab, daß Blut, Nerven und Drüsen einwandfrei funktionieren. Wenn ihre Funktionen gestört werden, entwickeln sich unzählige körperliche Krankheiten.

Wenn wir die Ursache der Belastung feststellen und unsere Entspannung fördern, wenn wir unser Bewußtsein beruhigen und inneren Frieden finden, entspannen sich auch die Muskeln. Dann können die verkrampften Venen, Arterien und Nerven wieder frei und ungestört arbeiten, Drüsen und Organe werden wieder ausreichend mit Nährstoffen versorgt, und dann erst kann die physische Heilung beginnen.

Da wir Frustration, Wut oder Schuldgefühle nicht unter das Mikroskop legen können, versucht uns die Schulmedizin zu helfen, indem sie den gestörten Organen und Geweben Linderung verschafft, oder indem sie uns Beruhigungsmittel oder Medikamente gegen Depressionen anbietet.

Doch dies behebt nicht die Ursache des Problems. Es ist, als würde man einen Riß in der Wand übertünchen und hoffen, daß er von selbst wieder verschwindet.

Auf jener tieferen Ebene zu heilen, auf der Gesundheit ein natürlicher Seinszustand ist, bedeutet, daß wir uns mit Streß, mit den Ursachen von Streß und mit seinen Auswirkungen beschäftigen müssen.

Offenbar könnte eine engere Zusammenarbeit zwischen den medizinischen Berufen und den Heilpraktikern für uns alle von großem Nutzen sein. Der Mensch ist nicht nur sein physischer Körper, und ebensowenig ist er nur sein Bewußtsein. Alle Aspekte unseres Daseins haben eng mit der Gesundheit des Ganzen zu tun: Bewußtsein, Emotion, Körper und Seele.

An dieser Stelle ist es nötig, auf einen weiteren Unterschied zwischen Naturheilverfahren und der Schulmedizin hinzuweisen.

Ein Arzt hört sich an, worüber der Patient klagt, um auf der Grundlage seines Wissen über den menschlichen Körper eine Diagnose zu stellen. Ein Heilpraktiker kann jedoch eine Heilung durchführen, ohne irgend etwas über die Beschwerden oder den betroffenen Bereich des Körpers zu wissen, denn die kanalisierte Energie, die in den Körper eintritt, wird von selbst den Bereich finden, in dem es an Energie mangelt.

Wenn eine Diagnose gestellt wurde, konzentriert sich die Behandlung auf das Problem, doch die Ursache des Problems wird möglicherweise nicht berührt, weil sie tiefer liegt.

Wenn die Symptome nicht diagnostiziert werden, erlauben wir der Energie, ohne unsere Einflußnahme zu wirken – wir vertrauen auf den Prozeß selbst und sehen uns eher in der Rolle eines Übermittlers. Je weniger unser individuelles Selbst beteiligt ist, desto wirkungsvoller und umfassender kann das Heilen durch kanalisierte Energie werden.

Obwohl die Schulmedizin uns bisweilen sehr hilft und sicherlich unverzichtbar ist, kann es keine tiefere Heilung ohne Loslassen der Ursache geben, ohne das Ersetzen der Krankheit durch Gesundheit.

Wenn der Körper Energie und einen Anstoß bekommt, ist er aus sich selbst heraus zur Genesung fähig. Doch die geistigen und emotionalen Zustände, in die wir uns immer wieder selbst versetzen, behindern diesen Prozeß.

Auch hier müssen wir wieder auf unsere Haltung und die Auswirkungen dieser Haltung auf unser Wohlbefinden zu sprechen kommen. Niemand erlegt uns von außen eine Krankheit auf – sie kann nur aus unserem Inneren entstanden sein. Natürlich tun wir dies nicht absichtlich; dennoch sind wir selbst verantwortlich.

Es ist relativ leicht, den äußeren Streß in unserem Leben zu erkennen.

Belastende Muster in uns zu erkennen, ist nicht ganz so einfach, denn die meisten Menschen sind sich ihrer fixierten Muster nicht bewußt. Wären sie uns bewußt, würden wir sie sofort abstreifen, da niemand gern leidet. Krankheit kann eine wundervolle Gelegenheit sein zu erkennen, wie verantwortungslos wir mit uns selbst umgegangen sind, und eine Krankheit kann uns einen wertvollen Anstoß geben, Verantwortung zu übernehmen und uns selbst wieder zu lieben und zu behüten.

»Heilen bedeutet ›heil machen‹, eins werden mit dem Schöpfer, wie wir es am Anfang waren. Dies ist gemeint, wenn die Bibel sagt: ›Wir werden von unseren Sünden geheilt‹, denn eine Sünde ist nichts als ein Mangel – ein Mangel an Wissen, ein Zustand des Schlafens und des Vergessens. Welche Schande, wenn wir in dieser Verfassung durchs Leben gehen!«[7]

Im Osten sind Entspannung und Meditation (durch Techniken

wie Yoga und Tai Chi) selbstverständliche Bestandteile des Alltagslebens. Im Westen gehören diese Dinge in einen Randbereich, doch wir sollten sie nicht so leichtfertig abtun. Gerade wir im Westen leiden sehr unter Streß, Krebs, Herzkrankheiten, Magengeschwüren, Depressionen und geistigen Störungen, um nur einige Krankheiten zu nennen. Die östlichen Traditionen, die in den sechziger und siebziger Jahren in den Westen gekommen sind, könnten unsere Rettung sein! Ohne Entspannung wird der Streß, den wir jeden Tag erleben, bald zu schweren Schäden führen.

Wenn wir unser Bewußtsein in einen Zustand der Empfänglichkeit und Neugier versetzen können, werden Fortschritte möglich. Die Entscheidung, sich einer Behandlung zu unterziehen, ist der erste Schritt. Er zeigt, daß der Wunsch nach einer Veränderung entstanden ist.

Doch die Ursache der Belastung kann sehr tief liegen und uns auf vielfältige Weise beeinflussen. Deshalb kann es nötig sein, gleichzeitig mit der Heilung auch eine Beratung durchzuführen, damit diese inneren Muster an die Oberfläche kommen und erkennbar werden. Dies verhindert, daß die Krankheit durch ungelöste Probleme abermals ausbrechen kann. Es ist sehr nützlich, eine Heilbehandlung mit anderen Behandlungsformen (Counselling, Psychotherapie, Akupunktur, Osteopathie oder sogar mit der Schulmedizin) zu verbinden.

Das Ziel ist ein Zustand der Harmonie. Die Hilfsmittel, mit denen wir es erreichen, können von Fall zu Fall sehr unterschiedlich sein. Kein Weg ist besser oder schlechter als ein anderer, jeder richtet sich auf einen anderen Aspekt. Aus der Zusammenarbeit kann ein Ganzes entstehen.

Erwartungen

Die Fähigkeit zu erkennen, wie wir uns selbst krank machen, zeigt sich in dem, was wir von einer Heilbehandlung erwarten. Viele Menschen, die kommen, erwarten ein Wunder, und wenn sie nicht nach der ersten Sitzung geheilt sind, geben sie die Arbeit enttäuscht und mit bösen Bemerkungen auf.

Dies sind die Menschen, die viel Zeit und Geld in die Suche nach einer Wunderheilung stecken und überhaupt keine Energie darauf verwenden, in sich selbst zu blicken. Ganz egal, was ein Heiler bei ihnen tut, die Krankheit bleibt.

Jede Behandlung kann nur Hilfestellung sein – sie kann nicht die Heilung selbst vollbringen. Wenn wir Heilung empfangen, müssen wir auch bereit sein, die Ergebnisse zu integrieren, wir müssen zulassen, daß uns ein Zustand der Entspannung durchdringt, wir müssen uns der Verantwortung für unsere Krankheit stellen und daran arbeiten, den Frieden in uns zu finden.

Einer der interessantesten Aspekte des Heilens ist, daß der Klient häufig nicht weiß (und er braucht es auf einer bewußten Ebene auch nicht zu wissen), welches die innere Ursache für sein Problem war. Das Problem wird auf einer tieferen, anscheinend nicht bewußten Ebene gelöst.

So kommt etwa ein Klient wegen Schmerzen im Arm zur Behandlung. Im Laufe der Behandlungen geht der Schmerz zurück. Die Folge ist, daß er eine gewaltige Befreiung von Spannungen, Sorgen und Ängsten fühlt. Er wird ruhiger. Der Streß, der ursprünglich die Schmerzen entstehen ließ, wurde durch die Behandlung seiner Ausdrucksform behoben.

Bei der ersten Behandlung tritt im allgemeinen eine Befreiung der Körperenergie ein, die das Nervensystem beruhigt. Geist und Emotionen werden ausgeglichen, der Klient entspannt sich, seine Vitalität hebt sich und das Blut wird gereinigt. Muskeln, Gewebe, Fasern und Knochen werden besser mit Nährstoffen versorgt, Abfallstoffe werden abgebaut.

In der nächsten Sitzung scheint die Energie dann tiefer zu dringen und sich direkt dem Problem zuzuwenden. Nachdem Ruhe und Entspannung entstanden sind, ist der Körper bereit, den Heilungsprozeß zu beginnen.

Dies bedeutet nicht, daß Wunderheilungen völlig ausgeschlossen sind. Damit sind Spontanheilungen in nur einer Sitzung gemeint. Sie sind möglich, und sie geschehen meist, wenn der Klient mehr als bereit ist, den nächsten Schritt zu tun, wenn er bereits den inneren Druck losgelassen hat und nur noch das körperliche Ungleichgewicht behoben werden muß.

Es ist ein wundervolles aber sehr seltenes Ereignis. Durch die

Sensationsgier der Medien ist leider um das Channelling eine Aura entstanden, die in vielen Menschen die Erwartung weckte, auch ihnen müßte es so ergehen. Wenn dann keine Spontanheilung eintritt, sind sie enttäuscht.

Die Erfahrung lehrt uns, daß es zwar Spontanheilungen geben kann, daß Heilung aber meist ein kumulativer Prozeß ist. Krankheit kann sich im Körper als einfacher Kopfschmerz manifestieren, der recht schnell zu beheben ist, doch häufig tritt sie in der Form tieferer Konflikte auf. Diese müssen ausbalanciert werden, bevor eine physische Veränderung stattfinden kann.

Umgekehrt ist es vielleicht nicht immer möglich, eine vollständige Heilung zu bewirken, besonders, wenn die Krankheit bereits ein fortgeschrittenes Stadium erreicht hat und schwere Schädigungen eingetreten sind.

Doch da unser Gesundheitszustand hauptsächlich von unserer Haltung abhängt, kann jede Art von Heilung eine wertvolle Hilfe sein und neue Energie in unsere psychologischen und emotionalen Zustände bringen.

Wenn sich unsere Haltung verändert, entwickelt sich ein allgemeines Gefühl des Wohlbefindens.

Wenn Menschen dem Tode nahe sind, kann ihre Furcht sogar einer tiefen Entspannung weichen.

Ein Beispiel dafür ist Susan, die Blut- und Knochenkrebs hatte und wußte, daß sie sterben würde. Dennoch trat bei ihr durch die Behandlung eine bemerkenswerte Veränderung ein. Sie war nicht mehr verbittert und deprimiert sondern liebevoll und optimistisch. Es gab auch einige physische Verbesserungen; ihr Haar begann wieder zu wachsen, und sie lebte vier Monate länger als erwartet. Doch die größte Veränderung betraf ihre Haltung. Sie starb fröhlich und mit positiven Gefühlen, sie fühlte sich eins mit Gott.

In weniger extremen Fällen erkennen die Klienten vielleicht nicht, daß die Behandlung wirkt, weil sie viel feinere Ebenen als die physische anspricht. Die Klienten bemerken nicht, daß ihr Atem ruhiger geht, daß sich ihr Schlaf verbessert, daß sie allmählich ihre Ernährungsgewohnheiten verändern oder daß sie nicht mehr so häufig wie früher die Geduld verlieren. Wir erwarten drastische körperliche Verbesserungen und führen andere Veränderungen nicht auf die Behandlung zurück.

Es gibt keine Grenzen

Nachdem wir die Bedeutung von Haltung und Erwartung betrachtet haben, beginnen wir die Macht der Gedanken zu erkennen. Gedanken sind die Vorläufer von Handlungen. Bittet und Euch wird gegeben.

Wenn wir um eine Behandlung bitten, öffnen wir uns innerlich und bringen unsere Absicht zum Ausdruck, die Ursache der Krankheit loszulassen. Wir liefern uns aus und machen uns bereit, auf einer inneren Ebene zu empfangen. Wenn wir nicht bitten, bleiben wir verschlossen und durch unsere eigenen Grenzen beschränkt. Durch die Bitte wird es möglich zu empfangen.

Wo immer durch ein energetisches Ungleichgewicht eine Disharmonie entstanden ist, kann eine Heilung helfen. Sie kann helfen bei: Beziehungsproblemen (Scheidungen wurden vermieden, Familien wurden wieder vereint), bei Drogen- oder Alkoholabhängigkeit (die Klienten erleben Entzugssymptome, wie sie sonst in einer Klinik auftreten), bei geistigen Schwierigkeiten wie Schizophrenie, Epilepsie, Zusammenbrüchen, emotionalen oder psychologischen Traumata (bei denen die Nervenenergien ausbalanciert werden), oder bei unzähligen physischen Beschwerden, an denen so viele Menschen leiden.

Wir glauben heute, daß gewisse Zustände im Grunde unheilbar sind, etwa Krebs, geistige Behinderungen, Rheuma, Multiple Sklerose und so weiter. Das liegt hauptsächlich daran, daß die Schulmedizin hier nicht helfen kann und diese Krankheiten als unheilbar bezeichnet.

Doch wo immer es Leben gibt, kann es auch Veränderungen geben. Nichts ist ewig. Die Zellen in unserem Körper sterben und entstehen, und deshalb gibt es immer Gelegenheit zu einer Transformation.

Es gibt keine Beschränkungen außer denen, die wir uns selbst auferlegen. Wenn wir tief in unserem Innern glauben, daß wir uns erholen können, dann werden wir uns erholen. Unsere Haltung bestimmt den Zustand unserer Zellstruktur in weit größerem Maße, als wir dies erkennen.

Krankheit ist ein Zustand beschränkter oder traumatisierter Energie; Gesundheit ist ein Zustand freier, friedlicher Energie. Der Unterschied zwischen diesen Zuständen ist sehr klar (und wir können helfen, dies unseren Klienten zu vermitteln, wenn es angemessen scheint).

So können wir unsere Leiden in einem positiven Licht sehen. Wir müssen nicht mehr verlegen grinsend unsere Probleme aushalten. Wir können vielmehr etwas sehr Reales tun, um uns selbst zu helfen: Wir untersuchen, wo oder wie die Energie behindert wird, wir erforschen unsere tieferen Haltungen und entwickeln einen friedlicheren Geisteszustand. Sobald wir den Grund für unsere Krankheit erkennen, wird auch der Weg zur Gesundheit sichtbar. Krankheit auf jeder Ebene und in jedem Ausmaß kann ein äußerst positives Erlebnis sein, denn sie gibt uns die Chance zum Wachstum.

Rückfälle

Wenn der Streß oder die Ursache des körperlichen Problems sehr tief liegt, dann kann die Krankheit, nachdem sie durch einige Heilbehandlungen scheinbar behoben wurde, nach einer Weile wieder auftauchen. Auch dies liegt an der Haltung. Die Energie wurde befreit, eine Heilung fand statt, doch eine Wiederholung der Streßsituation kann das Problem von neuem entstehen lassen.

Es ist möglich, daß der Zustand gerade deshalb wieder auftaucht, weil man sich vor ihm fürchtet; oder die Störung lag so tief, daß nach ihrer Beseitigung ein Gefühl des Verlustes entstand. Wie oft geschieht es doch, daß Menschen genau die Krankheit bekommen, vor der sie die größte Angst haben. Angst erzeugt Streß, und Streß erzeugt Krankheit.

So wirkungsvoll eine Behandlung auch ist, sie bleibt ein bloßer Übermittler. Der Klient selbst ist derjenige, der den Heilungsprozeß in Gang setzen muß. Es reicht nicht aus, den körperlichen Zustand zu verbessern und dem Klienten ein besseres Gefühl zu geben. Wir müssen weitergehen und unser Leben verändern, wir müssen unsere Haltung verändern, bis Gesundheit ein natürlicher, normaler Zustand wird. Wir können unsere Gesundheit und Vitalität nur erhalten, wenn wir unserem ganzen Dasein eine positive Note geben; bloße Lippenbekenntnisse reichen nicht aus.

Streß wird durch die tieferen, flüchtigeren Aspekte unserer Natur und durch unsere oberflächlichen Gedanken verursacht. So können wir handeln und sogar denken, als wären wir sehr positiv, während tief in uns immer noch Zweifel und Ängste lauern.

Es erfordert große Aufrichtigkeit, in einem Zustand der Entspannung zu sein. Wir schaden uns selbst, wenn wir unsere Ängste ignorieren und vorgeben, alles sei in bester Ordnung. Es ist ganz natürlich, sich so zu verhalten, denn nur wenige Menschen sind bereit, ihre Sorgen, ihre Schuldgefühle oder ihre Ängste preiszugeben. Die anderen sollen glauben, wir seien stark, liebevoll und zuversichtlich, und wir wollen dies auch uns selbst einreden. Durch einen Rückfall in die Krankheit erinnert unser Körper uns dann an unsere Selbsttäuschung.

Verhaltensmuster wiederholen sich in unserem Leben, bis wir ihre tiefere Bedeutung erkennen. Viele Menschen sind damit bestens vertraut. Wir sehen, wie wir aus einer verhängnisvollen Beziehung in die nächste taumeln; wir werden jedes Jahr zur gleichen Zeit krank; wir ziehen ständig um; nach bestimmten Ereignissen bekommen wir immer Kopfschmerzen; wir gehen zu vielen verschiedenen Therapeuten, ohne daß sich wirklich etwas verändert.

Das gleiche kann mit Heilmethoden geschehen, wenn wir nicht offen für innere Veränderungen sind. Da niemand uns die Krankheiten zufügt, kann uns auch niemand sie abnehmen. Äußerlich können wir ruhig scheinen, doch der innerliche Aufruhr bleibt, solange wir unfähig sind, in bezug auf unsere Muster, unsere Ängste oder Frustrationen ehrlich zu sein.

Physische Krankheiten tauchen mitunter in vielen verschiedenen Verkleidungen auf, deren innerer Zusammenhang nicht ohne weiteres sichtbar wird. So können zum Beispiel in einem bestimmten Bereich Schmerzen entstehen, weil durch eine mit diesem Bereich verbundene innere Haltung eine physische Schwächung eingetreten ist. Durch die Heilung wird die Schwächung behoben, die Haltung verändert sich und der Schmerz verschwindet zunächst. Doch eine erneute Auslösung der tieferen Ursache wird sich in einem anderen Bereich des Körpers einen neuen Ausdruck suchen, der auf ähnliche Weise einen Zusammenhang zwischen Funktion und Haltung aufzeigt. Die Ursache ist die gleiche, doch wir erkennen dies oft nicht, weil wir die Beziehung zwischen Bewußtsein und Körper übersehen.

Sobald wir unsere Einstellung verändert oder die Ursache erkannt haben, oder sobald wir Entspannungstechniken in unser Leben integriert haben, wird unser Körper nicht mehr den behindernden Einflüssen von Streß unterworfen sein. Und wenn wir dann doch krank werden, sollten wir dies als direkte Aufforderung betrachten, unser Selbst und unsere Lebensart gründlich zu untersuchen.

Hautprobleme sind ein perfektes Beispiel dafür. Jugendliche leiden häufig unter einem Mangel an Selbstvertrauen, sie mögen sich nicht, sie sind voller Zorn und Rebellion, sie hängen irgendwo zwischen dem abhängigen Kind und dem unabhängigen Erwachsenen in der Luft. Akne ist dafür ein Ausdruck (ausbrechende Wut und Unsicherheit), der den Betreffenden noch weiter entstellt (die Abneigung gegen sich selbst vergrößert sich), und sie ist gleichzeitig eine Aufforderung, beschützt zu werden und Aufmerksamkeit zu bekommen (wie ein Kind). Akne kann außerdem durch ungesunde Nahrung entstehen, die sich auf die Leberfunktionen auswirkt. Die Leber reflektiert unseren Lebenswillen, und in ihr sind Ängste und Wut angesiedelt. Akne tritt hauptsächlich im Gesicht auf, weil wir diesen Körperteil der Welt zeigen. Wenn die Jugendlichen älter werden, gewinnen sie Selbstvertrauen und fühlen sich allmählich dem Leben gewachsen, und dann löst sich auch diese energetische Störung auf.

Später im Leben auftretende Hautprobleme können deshalb auf ähnliche, noch ungelöste Zusammenhänge hinweisen: das

Gefühl, nicht genug oder nicht gut genug zu sein, nicht geliebt oder nicht gewollt zu werden, Wut über unfaire Behandlung. Andere Hautstörungen als Akne, etwa Ekzeme, die mitunter den ganzen Körper bedecken, können als Allergie gegen die Welt interpretiert werden – als Warnung, Distanz zu halten. Das Traurige bei diesen Problemen ist, daß die tieferliegende Botschaft der Wunsch nach Liebe ist, während der Ausdruck – Zorn oder Abneigung – die Liebe eher vertreibt. Solange wir uns nicht wirklich selbst lieben können, werden wir auch keinen anderen Menschen lieben und uns von ihm lieben lassen. Wenn wir uns selbst lieben und uns selbst von innen heilen, ziehen wir Liebe an. Bei einer Heilbehandlung beruhigen sich Hautreizungen, rauhe Stellen glätten sich und trocknen bald aus. Dies geschieht im gleichen Maße, wie der Klient kanalisierte Energie aufnimmt, einen direkten Ausdruck der Liebe. Diese Liebe mildert Konflikte und innere Schmerzen. Das Nervensystem entspannt sich, der Körper wird gereinigt. Die Heilung findet statt, weil der Klient mit Selbstachtung, Zuversicht und Akzeptanz aufgeladen wird.

Heilen

So kann der Heilungsprozeß als Vorgang gesehen werden, der im Inneren eines Menschen stattfindet und die Ursache behebt. Streß ist ein sehr allgemeiner Ausdruck, den wir benutzen, um verschiedene Krankheitszustände zu beschreiben; Heilung ist das Herbeiführen von Entspannung. Um dies weiter zu untersuchen, wollen wir einige Fallgeschichten betrachten, die verschiedene Aspekte des Heilprozesses beleuchten.
Das Entspannungsgefühl bei einer Heilung, das dazu führt, daß wir den Streß loslassen können, kommt am besten im folgenden Zitat zum Ausdruck. Es stammt von einem Klienten, der skeptisch und zweifelnd in bezug auf die Wirkung der Behandlung zum Heiler kam:
»Ich hatte schon öfter vom Channelling gehört und war nicht sicher, ob ich es glauben sollte. Ein Freund vereinbarte für mich einen Termin; er wußte, daß ich zwei ernste Probleme

hatte, bei denen mir die Schulmedizin nicht helfen konnte. Ich ging zweifelnd hin, doch als die Heilerin mit mir zu arbeiten begann, verschwanden die Zweifel nach wenigen Minuten. Ich spürte, wie ich mich langsam öffnete, ich empfand ein tiefes Vertrauen, ich entspannte mich, meine Ängste verschwanden, und ich spürte eine Wärme wie die Sonne an einem kalten Tag... plötzlich bemerkte ich im Nacken ein sanftes Zerren oder Ziehen. Es war, als würden Finger das Gewebe hin und her schieben, es prüfen und es entspannen. Ich sage ›Finger‹, weil ich kein besseres Wort kenne; vielleicht war es ein Energiefeld, aber es war eindeutig da und bearbeitete meinen Nacken. Ich spürte, wie meine Organe arbeiteten. Mein Darm beförderte Luft und Nahrung. Mein Becken regte sich, als sei dort viel Blut und Energie... ich spürte, wie mein Selbstvertrauen und mein Allgemeinbefinden sich besserten. Ich fühlte mich nicht mehr so zerrissen und leblos wie vorher.

Es ist nicht leicht, Zweifel und religiöse Überzeugungen daran zu überwinden, daß das Channelling wirkt. Ein Klient sagte: »Ein paar Tage vor meinem Termin war ich noch sehr unsicher, wie offen ich für diese Art der Heilung sein konnte. Die Religion, in der ich erzogen wurde, lehrte mich, nach oben zu Gott zu blicken und von ihm die Heilung zu erbitten, und sie läßt nur wenig Raum für Menschen, als Kanal zu dienen und hier und jetzt Heilungen zu bewirken... Doch jetzt bin ich sehr erleichtert... Nach einer Rückenverletzung habe ich gelernt, bewußt tiefer zu atmen, um Spannungen abzubauen, denn im allgemeinen atme ich sehr flach. Gegen Ende der Sitzung begann ich, mühelos und ohne bewußten Vorsatz tief zu atmen. Als ich aufstand um zu gehen, bemerkte ich, daß meine Wirbelsäule aufrecht war.« Bei Sarah, einer Mitarbeiterin beim Fernsehen, trat ebenfalls eine bemerkenswerte geistige und emotionale Heilung ein. Sie hatte sich wegen Schlaflosigkeit und Verdauungsstörungen behandeln lassen. Nach den Behandlungen sagte sie:
»Ich fühle mich entspannter und ruhig, mein Kopf ist leichter. Neulich bei einer Fernsehsendung bemerkte ich, daß ich bewußt dachte, bevor ich sprach, statt alles herauszusprudeln, was mir in den Sinn kam. Ich hatte mich mit meinem Mann

öfter deshalb gestritten. Jetzt bin ich sehr zufrieden, weil Dinge, an denen ich bereits seit Monaten arbeite, sich zu verändern beginnen, sogar auf der emotionalen Ebene.«

Bei Mary war ein anderer Aspekt der emotionalen Heilung zu beobachten. Sie hatte große Probleme mit ihrem vor zehn Jahren verstorbenen Vater, und sie hatte darum gebeten, diese Themen bei der Heilung bearbeiten zu können:

»Was während der Behandlung geschah, ging sehr tief... Ich konnte meine negativen Gefühle gegen ihn loslassen, und als sie verschwanden, löste sich eine Lawine, und ich sah unzählige Symbole der Einheit. Meine Kreativität wurde befreit. Licht durchflutete meinen Körper, und ich öffnete mich für die Liebe meiner Eltern. Es fühlte sich an, als würde ich in eine warme Decke gehüllt. Die Texte von Liedern, die ich als Kind gelernt hatte, kamen mir wieder in den Sinn.«

Bei Barry, Ende dreißig, war zu beobachten, was geschieht, wenn wir die Verantwortung für uns selbst übernehmen und uns entsprechend verhalten. Er brachte sich langsam durch Alkohol und Depressionen um, und seine Lebensenergie war auf einem sehr niedrigen Niveau, obwohl er ein erfolgreicher Anwalt war. Als er mit der Behandlung begann, war offensichtlich, daß er kurz vor einem schweren Herzanfall stand. Er erkannte, daß er sich zwischen Leben und Tod entscheiden mußte, und im Augenblick der Erkenntnis entschied er sich für das Leben und übernahm die Verantwortung für sich selbst. Nach einigen Monaten regelmäßiger Behandlungen hatte er seinen Bewußtseinszustand erforscht und war auf dem Weg zu irreparablen Schäden umgekehrt. Er sah, wie sein Bewußtsein seinen körperlichen Zustand bestimmt hatte, und wie sich die Veränderung seiner Haltung jetzt in seinem ganzen Dasein widerspiegelte.

Die Bedeutung absoluten Vertrauens war bei John gut zu sehen. Er hatte im Gefängnis schwere Verdauungsstörungen gehabt und fürchtete, er müsse sterben, wenn er nach seinem Hafturlaub ins Gefängnis zurückkehrte. Er war fest überzeugt, daß eine einzige Heilbehandlung ihm helfen könne. Doch in den Wochen nach der Behandlung geschah nichts. Er kehrte traurig ins Gefängnis zurück, doch er hoffte immer noch, daß sich etwas verändern würde. Drei Wochen nach der Behandlung wachte er völlig schmerzfrei auf, und er hatte seitdem keinen Rückfall. Er hätte fast die Hoffnung verloren, weil seine Erwartungen so hoch gewesen waren. Die dreiwöchige Pause war die Zeitspanne gewesen, die sein Körper gebraucht hatte, um die Heilung durchzuführen. Sein fester Glaube, daß er sich doch noch erholen würde, hatte ihm die Kraft gegeben, den Prozeß zu vollenden.

Gelegentlich geschieht auch Unerwartetes. Anne klagte über Verstopfung. Da die Heilerin nur wenig Zeit hatte, arbeitete sie nur mit dem Magen und dem unteren Teil des Rückens; normalerweise hätte sie den ganzen Körper behandelt. Die Behandlung führte zu einer tiefen Entspannung. Doch am gleichen Abend hatte Anne wieder starke Schmerzen und mußte sogar ins Krankenhaus. Sie hatte der Heilerin nicht gesagt, daß sie einen riesigen Nierenstein hatte, der halb so groß war wie die Niere selbst. Der Stein konnte nur durch eine Operation entfernt werden. Doch als nun im Krankenhaus Röntgenaufnahmen gemacht wurden, zeigte sich, daß der Stein in kleine Stücke zerbrochen war und sich langsam auflöste. Die Schmerzen waren entstanden, als ein großes Bruchstück durch den Harnleiter ging. Die Behandlung der Verstopfung hatte Anne anscheinend die Kraft gegeben, gleichzeitig dieses viel ernstere Problem anzugehen.

Heilungen sind nicht auf Menschen beschränkt. Wo immer es Leben gibt, kann heilende Energie übertragen werden. Ein Beispiel dafür ist Honey, eine Katze, die im Alter von neun Monaten an Leukämie erkrankte. Sie erholte sich, doch man sagte der Besitzerin, daß 95% aller Katzen mit diesem Leiden innerhalb weniger Jahre sterben müßten. Als Honey vier Jahre alt war, erkrankte sie wieder schwer und verlor schnell Gewicht und Kraft. Sie wurde behandelt und verbrachte die nächsten Tage an einem dunkeln Ort, wo sie nur wenig trank und überhaupt nicht fraß. An den drei folgenden Tagen wurde sie jeweils für einige Stunden als Sonnenlicht hinausgebracht, doch sie wollte immer noch nicht fressen. Am späten Abend des siebten Tages wurde die Besitzerin durch ein schreckliches Kreischen geweckt. Die fast verdurstete und verhungerte Katze

54

verlangte jetzt energisch ihr Fressen. Nach drei weiteren Tagen hatte sie ihr Gewicht und ihre Vitalität zurückgewonnen. Der Tierarzt, der sie untersucht und als hoffnungslos aufgegeben hatte, war sehr erstaunt. Honey war ihrem Instinkt gefolgt, sie hatte sich an eine dunkle Stelle verkrochen und gefastet. Die Heilbehandlung hatte ihr genug Energie gegeben, um sich zurückzuziehen und sich selbst nachhaltig zu heilen.

Diese Beispiele zeigen, wie unterschiedlich die Reaktionen auf eine Behandlung sein können. Wenn wir uns anstelle der Symptome mit der Ursachen befassen, ist es unmöglich vorauszusagen, was geschieht. Krankheit ist auf jeder Ebene nichts weiter als blockierte Energie, die in ihrem Fluß behindert ist und deshalb körperliche Störungen verursacht. Wohlbefinden ist frei fließende Energie. Ein Symptom zeigt uns zwar, daß es ein Ungleichgewicht gibt, doch es zeigt uns nicht unbedingt, wo dieses Ungleichgewicht besteht und warum es entstanden ist. Doch wir brauchen es nicht zu wissen, denn wenn wir Energie kanalisieren, vertrauen wir darauf, daß die Energie von selbst das Notwendige tut, daß es nicht nötig ist, sie bewußt zu lenken oder sonst etwas zu tun. Die Wiederherstellung der Harmonie geschieht auf ganz eigene Weise, wenn der richtige Augenblick gekommen ist.

IV. Kapitel

Die Praxis

In diesem Kapitel wollen wir detailliert beschreiben, was Sie
wissen müssen, um das Heilen mit kanalisierter Energie zu
üben. Übung macht den Meister, und ohne Übung können Sie
nicht von dem, was Sie sind, weitergehen, zu dem, was Sie
werden können.

Nach einer Weile werden Sie feststellen, daß Sie vierundzwan-
zig Stunden am Tag üben, daß die Arbeit ein selbstverständlicher Teil Ihres Lebens ist und nichts Außergewöhnliches, das
Sie nur hin und wieder tun. Sie wird zu einer Lebensart.

Entspannung, Meditation, Haltung, Offenheit, Berühren, Heilen, Lachen – alles verschmilzt miteinander und wird einfach
zu einem Ausdruck Ihres Seins. Diese Anleitung ist zwar wichtig zum Lernen und zur Entwicklung Ihres Verständnisses,
doch Sie dürfen nicht vergessen, daß sie eben nur eine Anleitung ist – mit der Zeit wird Ihre eigene Intuition und Ihr eigenes
Verständnis zu Ihnen sprechen.

Die Voraussetzungen

Versuchen Sie einen Raum zu finden, der für nichts anderes
benutzt wird. Auf diese Weise kann die Atmosphäre wachsen;
der Raum selbst soll still sein, damit Sie sich leichter auf die
Stille in Ihrem Innern einstellen können. Wenn es nicht möglich
ist, einen eigenen Raum zu benutzen, dann schränken Sie die
Aktivitäten in dem Bereich, den Sie vorgesehen haben, stark
ein. Laute Kinder, Fernsehen oder Zigarettenqualm können die
Atmosphäre in einem Raum sehr schnell verändern.

Doch bei vielen Gelegenheiten werden Sie nicht daheim arbeiten, sondern Menschen unter ganz verschiedenen Umständen
behandeln, etwa im Krankenhaus. Es ist also wichtig, sich nicht
allzu sehr daran zu klammern, daß man immer den gleichen

Raum benutzen müßte, oder sich allzu sehr an die Atmosphäre in einem bestimmten Raum zu gewöhnen, denn sonst verlieren Sie Ihr Gefühl, wenn Sie einmal nicht dort arbeiten.

Manche Menschen sagen, daß sie nur an einem ganz bestimmten Ort Energie kanalisieren können, daß sie diese Umgebung brauchen, um sich auf das Göttliche einzustimmen. Das Channelling hängt aber ausschließlich vom Ausführenden ab, nicht von der äußeren Umgebung. Es ist überall und jederzeit möglich, wenn der Ausübende entspannt, vertrauensvoll und mit sich im Frieden ist. Das Göttliche ist überall, denn es ist in uns – es ist nicht auf bestimmte Orte beschränkt. Die Stille in uns selbst zu entdecken ist gleichbedeutend mit der Erkenntnis, daß wir jederzeit mit dem Göttlichen in Berührung sind.

Vergewissern Sie sich, daß es in dem Raum, den Sie benutzen wollen, keine toten Blumen oder andere Anzeichen von Verfall gibt. Am besten sind frische Blumen und Pflanzen oder ein Ausblick in eine natürliche Umgebung. Dies dient einfach dazu, durch die Verbindung mit Leben und Wachstum Inspirationen zu gewinnen. Sorgen Sie für weiches Licht. Grelles Licht macht es dem Klienten schwer sich zu entspannen, während eine Kerze zu dunkel ist und eine »esoterische« Atmosphäre schafft, die manche Menschen abschrecken kann. Weiches Licht oder gedämpftes Tageslicht ist das Beste.

Sie brauchen sich nicht zu bemühen, eine spezielle Atmosphäre zu erzeugen. Weihrauch oder Musik können manche Klienten ablenken. Manche Menschen empfinden Weihrauch als sehr störend – sie müssen unter Umständen husten oder niesen, und jeder Mensch hat einen anderen Musikgeschmack. Statt also zusätzliche Ablenkungsmöglichkeiten zu erzeugen, ist es besser, den Raum so schlicht und einfach wie möglich zu halten.

Ihr Klient braucht einen Stuhl, auf den er sich setzen kann; am besten einen Holzstuhl mit gerader Lehne, der von allen Seiten zugänglich ist. Außerdem brauchen Sie einen Tisch, auf den sich der Klient legen kann. Ein Massagetisch ist ideal; Sie können auch einen langen Holztisch nehmen, auf den Sie eine Decke oder ein anderes Polster legen. Ziehen Sie ein frisches sauberes Laken über den Tisch und legen Sie ein Kopfpolster darauf. Der Bezug des Kopfpolsters sollte nach jedem Klienten ausgewechselt werden.

Der Raum muß natürlich warm sein, Sie sollten ihn jedoch nicht überheizen. Der Klient wird sich entspannen, doch er bleibt angezogen und wird deshalb nicht viel Körperwärme verlieren. Wenn es zu warm ist, werden Sie und Ihr Klient müde.

Wenn Sie in Ihrem Haus noch einen zweiten Raum zur Verfügung haben, kann der Klient dort eine Weile ruhen, bevor er wieder geht.

Persönliche Einstellung

Beim Channelling ist es wichtig, daß Sie sich von persönlichen Sorgen befreien. Nehmen Sie sich jeden Morgen mindestens zehn Minuten Zeit, um sich zu zentrieren, sich zu entspannen, zu meditieren und sich auf Ihre Mitte zu konzentrieren und Ihr Bewußtsein zu beruhigen. Sie müssen dies nicht vor jedem Klienten tun; einmal am Tag sollte reichen, aber das können Sie selbst am besten beurteilen. Wenn Sie feststellen, daß Sie abgelenkt oder verwirrt sind oder Ihr Bewußtsein wandert, dann nehmen Sie sich eine Pause und finden Sie die Stille in Ihrer Mitte wieder.

Es ist sinnvoll, bei der Arbeit nicht allzuviel zu essen. Ein voller Bauch zieht viel Energie für die Verdauung ab und macht Sie schläfrig. Sie halten Ihre Energie auf einem hohen Niveau, wenn Sie möglichst wenig essen.

Es ist wichtig, daß Sie sich friedlich, zuversichtlich und fröhlich fühlen.

Die ganze Behandlung sollte vom Eintreten des Klienten bis zu seinem Weggehen nicht länger als 45 Minuten dauern. Diese Zeit schließt auch ein Gespräch am Beginn oder Ende der Sitzung ein, so daß die Behandlung selbst nicht länger als 30 Minuten dauert.

Es ist besonders am Anfang wichtig, nicht zu viele Menschen in einen Tag zu quetschen. Wenn Sie an Erfahrung gewinnen, werden Sie auch Ihre Grenzen kennenlernen. Im allgemeinen sind zwei Klienten am Morgen und zwei am Nachmittag mehr als genug. Wenn auch dies für Sie schon zu anstrengend ist, dann reduzieren Sie die Zahl Ihrer Klienten weiter, bis Sie sich wohlfühlen. Lassen Sie sich zwischen den Klienten etwas Zeit. Wenn Sie die Termine jeweils zur vollen Stunde ansetzen, haben Sie zwischen den Klienten je 15 Minuten Zeit.

Wenn Ihre Arbeit bekannter wird, könnten Klienten Forderungen an Sie stellen und zu ungelegenen Zeiten um Termine bitten. Es ist wichtig, sich von den Klienten nicht ausnutzen zu lassen. Wenn Ihnen ein Zeitpunkt nicht paßt, dann sagen Sie dies. Sie müssen auf sich selbst ebenso achtgeben wie auf andere Menschen. Wenn Sie jeder Bitte entsprechen und nicht auf Ihre eigenen Bedürfnisse achten, werden Sie schon bald erschöpft, entnervt und unfähig sein, jemandem zu helfen.

Die Anzahl der Behandlungen läßt sich im voraus nicht festlegen. Je mehr Behandlungen, desto tiefer die Wirkung, doch auch eine oder wenige Behandlungen können das Problem bereits lindern. Sie als Ausübender können auf keinen Fall eine bestimmte Anzahl von Behandlungen »verschreiben«. Doch wenn die Beschwerden ernst sind, können Sie dem Klienten vorschlagen, daß er regelmäßig zu Ihnen kommt, etwa drei oder vier Wochen lang ein- oder in extremen Fällen zweimal in der Woche. Danach können die Behandlungen in größeren Abständen folgen, etwa alle zwei Wochen und dann alle drei Wochen und so weiter. Die Erfahrung wird Ihnen sagen, was nötig ist. Viele Klienten kommen nur, wenn sie es selbst wollen; natürlich können Sie vorschlagen, daß sie öfter kommen sollen, wenn Sie das für richtig halten, aber die Entscheidung liegt immer beim Klienten.

Genau wie wir nicht die Verantwortung für uns selbst übernehmen und von jemand anders so schnell wie möglich geheilt werden wollen, bitten auch manche Klienten um zahlreiche Behandlungen. Doch wenn man die Zahl der Behandlungen erhöht, wird nicht unbedingt auch der Heilungsprozeß beschleunigt. Sobald der Körper die Energie absorbiert hat, die er braucht, nimmt er einfach keine Energie mehr auf, selbst wenn die Behandlung weitergeht.

Beim Heilen gibt es einen natürlichen Rhythmus, der beachtet werden muß. Sie werden auch sehen, daß manche Klienten von einem Heiler zum anderen gehen, mitunter sogar am gleichen Tag, weil sie irrigerweise hoffen, dies könne ihre Heilung beschleunigen. Nach innen zu blicken und sich zu entspannen wäre nützlicher.

Wenn man sich von mehr als einem Heiler am gleichen Tag behandeln läßt, kann sogar große Verwirrung entstehen. Jeder Heiler ist auf seine eigene Arbeitsweise eingestimmt, und die Klienten sollten sich zumindest eine Zeitlang an eine bestimmte Arbeitsweise halten. Behandlungstechniken, bei denen nicht die Hände aufgelegt werden, etwa Counselling oder Akupunktur, stören den Prozeß allerdings nicht.

Es gibt Beispiele dafür, daß zwei oder mehr Heiler gleichzeitig mit dem gleichen Klienten gearbeitet haben. Das ist meist nicht sehr hilfreich. Die Energien wirken im Körper eher gegeneinander und behindern sich gegenseitig.

Die Anzahl der Heilbehandlungen hängt auch vom Blutbild des Klienten ab. Als Folge von großem Streß und der daraus entstandenen körperlichen Schädigung ist der Blutkreislauf häufig der am stärksten verunreinigte Bereich des Körpers. Anhaltender Streß führt zur Ausschüttung von Giftstoffen ins Blut, und deshalb muß das Blut gereinigt und energetisiert werden, bevor die Heilung beginnen kann (siehe Anmerkung Seite 92). Im Laufe der Behandlung werden dann weitere Abfallstoffe ins Blut abgegeben.

Wenn zum Beispiel eine Arthritis oder eine ähnliche Erkrankung zurückgeht, werden die abgebauten Kristalle über den Blutstrom abtransportiert. Deshalb muß das Blut vorher sauber genug sein, um diese Aufgabe bewältigen zu können.

Der Beginn

Wenn Sie einen Termin vereinbaren, dann bitten Sie den Klienten, mindestens eine Stunde vorher nichts mehr zu essen. Vergewissern Sie sich, daß Ihre Hände sauber und geruchsfrei sind. Wenn der Klient kommt, begrüßen Sie ihn möglichst freundlich, damit er sich wohlfühlt und nicht den Eindruck bekommt, ihm stehe ein sehr esoterisches und ungewöhnliches Erlebnis bevor.

Bieten Sie ihm den Stuhl an und fragen Sie: »Warum sind Sie zu mir gekommen?« Der Inhalt seiner Antwort, ob er nun körperliche, geistige oder emotionale Probleme beschreibt oder einfach nur die Behandlung ausprobieren will, ist für Sie nicht wichtig. Doch der Klient gewinnt dadurch etwas Zeit, sich zu entspannen und sich mit der Umgebung vertraut zu machen, und Sie haben Zeit, sich auf seine Energie einzustimmen.

Sorgen Sie aber dafür, daß der Bericht nicht zu lange dauert. Beschränken Sie ihn auf das Nötigste, denn sonst bleibt keine Zeit mehr für die eigentliche Behandlung. Viele Menschen brauchen einen mitfühlenden Zuhörer, um ihre Probleme loszulassen. Dies ist nicht unbedingt Ihre Rolle, es sei denn, Sie mögen zwei Stunden lange Behandlungstermine.

Bevor Sie beginnen, sollten Sie unmißverständlich erklären, was Sie tun werden. Auf diese Weise erfährt Ihr Klient, was ihm bevorsteht und kann sich darauf einstellen. Ohne Erklärung wird er neugierig sein und deshalb gespannt und unsicher bleiben, und gerade das wollen wir vermeiden. Erklären Sie dem Klienten, daß Sie mit der Behandlung beginnen, während er aufrecht im Stuhl sitzt. Danach werden Sie ihn bitten, sich auf den Tisch zu legen, zuerst auf den Rücken, dann auf den Bauch. Wenn er beim Hinlegen etwas benommen ist, soll er nicht dagegen ankämpfen, sondern sich dem Gefühl überlassen, selbst wenn er einschläft. Erklären Sie, daß Sie ihn nur leicht berühren und mit dem Kopf beginnen werden. Bitten Sie ihn, Brille und Schuhe zu abzulegen und große Gegenstände aus den Hosentaschen zu nehmen.

Die Praxis

Achten Sie bei den verschiedenen Handpsositionen darauf, dass die Richtung der Hände zum Körper dem Bild A und nicht der Darstellung B entspricht.

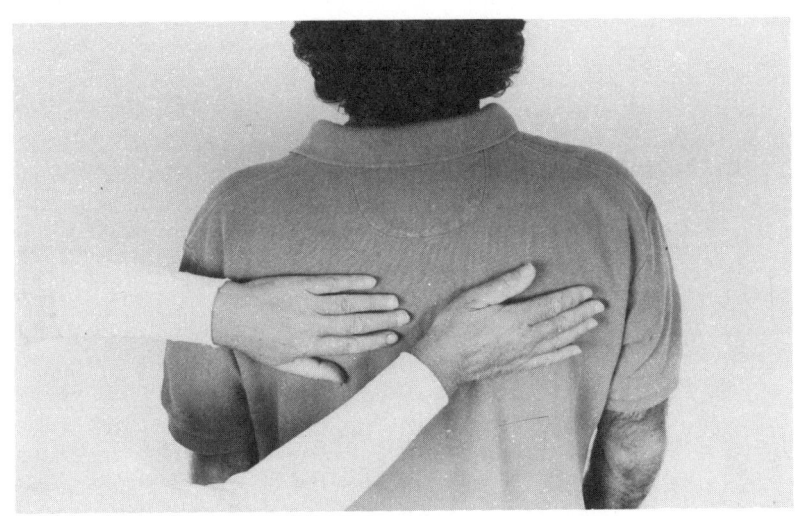

Position A

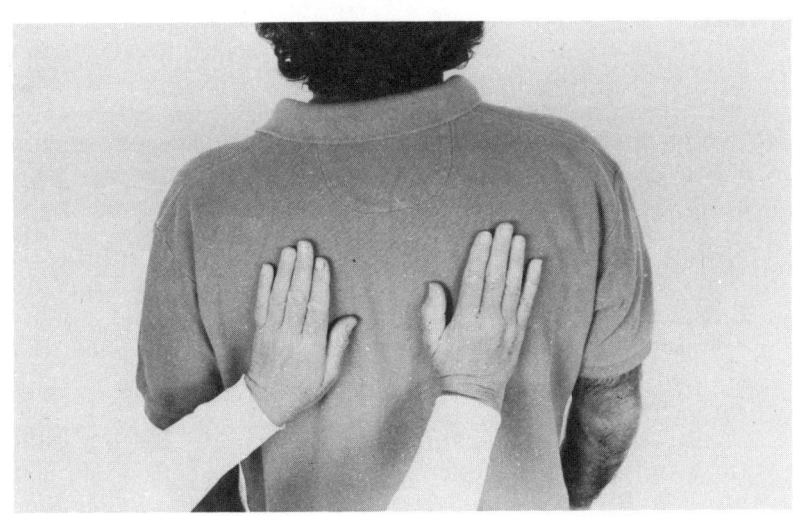

Position B

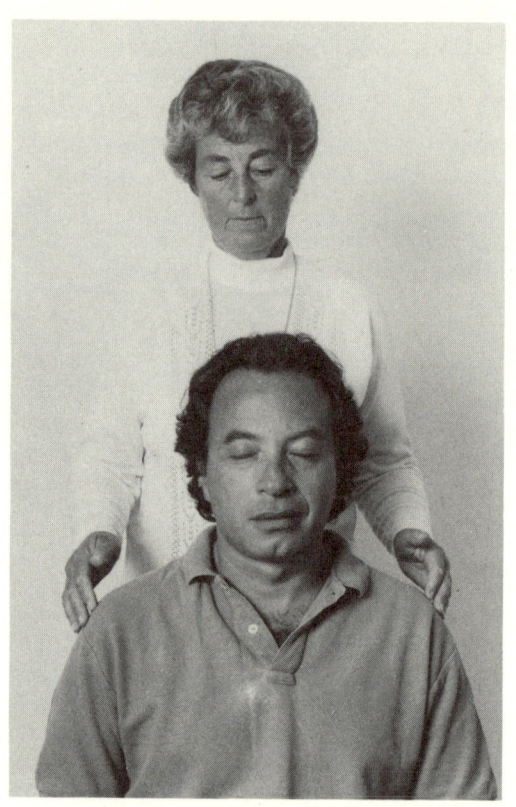

Abb. 1

1. Stellen Sie sich hinter den Klienten, der auf dem Stuhl sitzt. Bitten Sie ihn, die Augen zu schließen, denn das fördert die Entspannung. Lassen Sie Ihre Finger ohne Druck ein paar Minuten auf seinen Schultern liegen (Abb. 1). Dadurch können sich Ihre Energien vermischen, und Sie werden zentriert und ruhig.

Wenn Ihr Klient entspannt sitzt, dann bitten Sie ihn, sein Herz und sein Bewußtsein dem Göttlichen zu öffnen. Er soll um Hilfe für seine geistigen, emotionalen, spirituellen oder physischen Bedürfnisse und für spezifische Probleme bit-

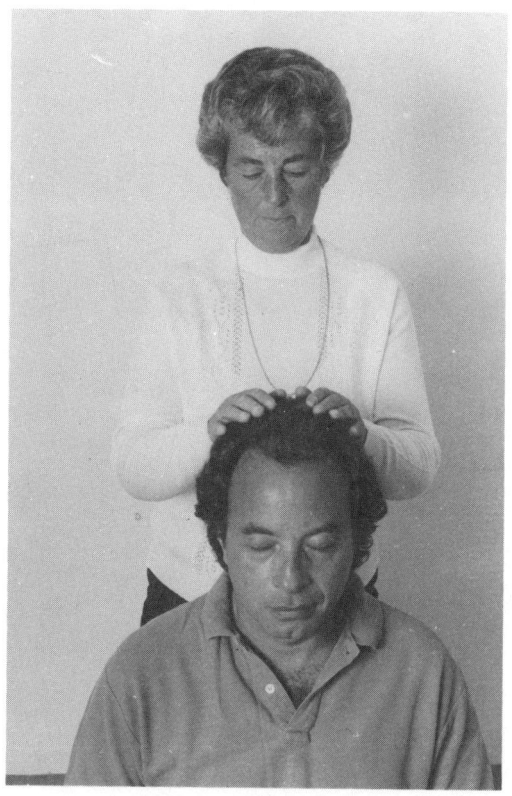

Abb. 2

ten. Dadurch wird seine Aufmerksamkeit von Ihrer Person
abgelenkt.

Gehen Sie nicht weiter darauf ein, was Gott oder das Göttliche sein soll, denn es werden Menschen aus verschiedenen
Kulturkreisen und mit verschiedenen Religionen zu Ihnen
kommen. Für manche ist es ein gewaltiges Licht oder eine
starke Energie, die Sonne oder die Natur, während andere
einfach in ihr eigenes Herz blicken.

Wenn nicht anderes gesagt ist, bleiben Sie in jeder be-
schriebenen Position 1 bis 2 Minuten; bei besonders proble-

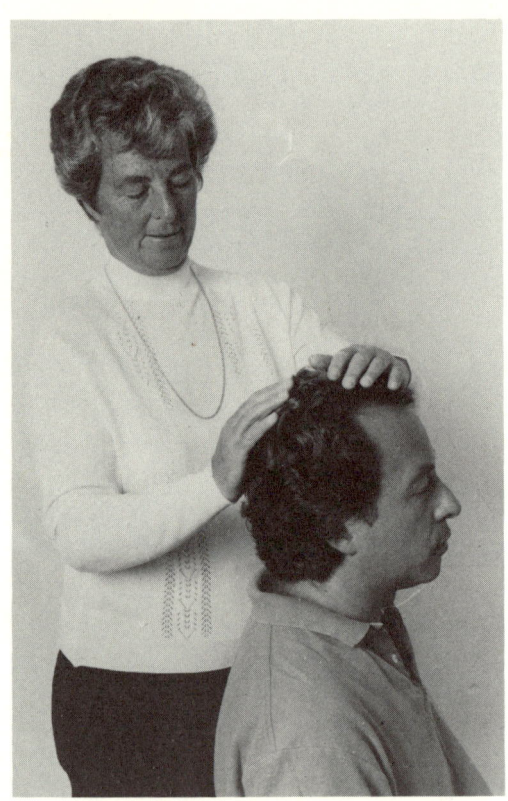

Abb. 2(a)

matischen Bereichen können Sie die Zeit auf drei bis vier Minuten ausdehnen oder zu dieser Stelle zurückkehren, nachdem Sie den ganzen Körper bearbeitet haben. Berühren Sie den Klienten nur ganz leicht – lassen Sie Ihre Hände nicht schwer werden und üben Sie keinen Druck aus.

2. Legen Sie die flachen Hände oben auf den Kopf (Abb. 2). Bleiben Sie etwa 4 Minuten in dieser Position. Dadurch werden die linke und die rechte Hirnhälfte ausbalanciert, und es entsteht ein Gleichgewicht. Außerdem entspannt sich Ihr Klient dabei und wird empfänglicher. Diese Posi-

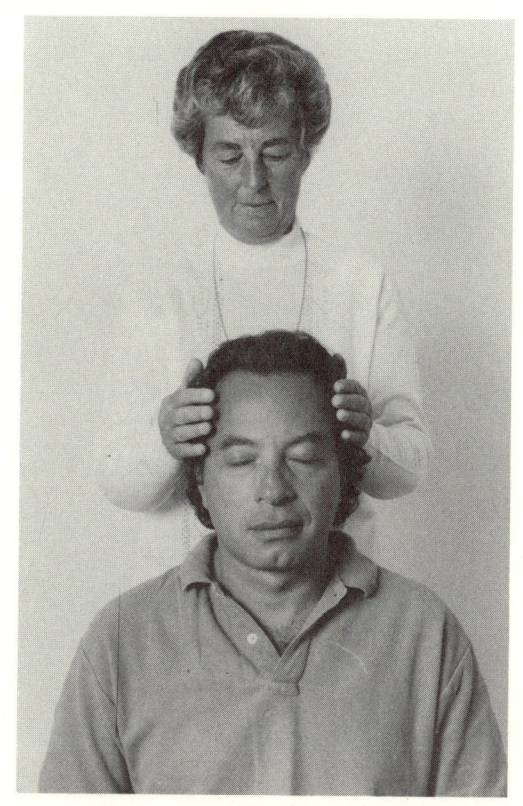

Abb. 2(b)

tion wirkt wohltuend auf Spannungen im Kopfbereich und geistige Probleme. Das Gehirn schickt seine Botschaften durch das ganze Nervensystem.

3. Als nächstes kommt eine Hand auf das Schädeldach und die zweite an den Hinterkopf (Abb. 2a).
4. Nun legen Sie die Hände oberhalb der Ohren an beide Seiten des Kopfes (Abb. 2b).

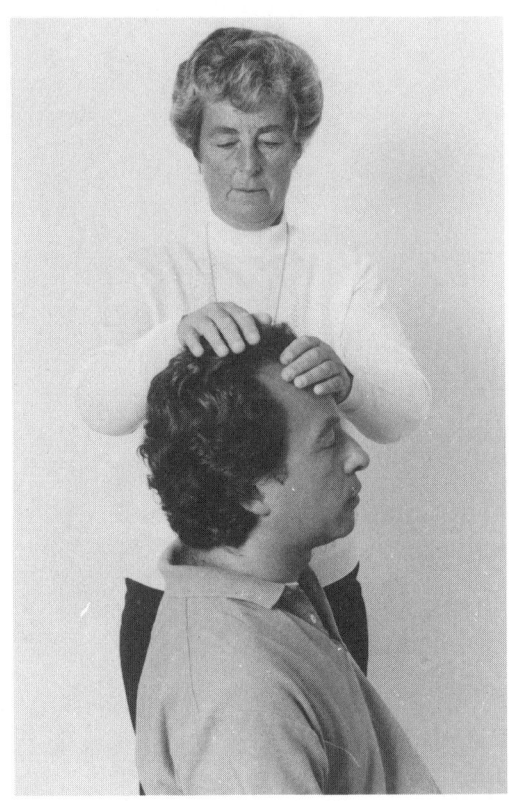

Abb. 2(c)

5. Eine Hand liegt auf dem Schädeldach, die andere auf der Stirn (Abb. 2c). Dies stimuliert die Zirbeldrüse und die Hypophyse, von denen wiederum Signale an die anderen Drüsen gesandt werden. Durch diese Position wird eine Balance im Hormonhaushalt gefördert.

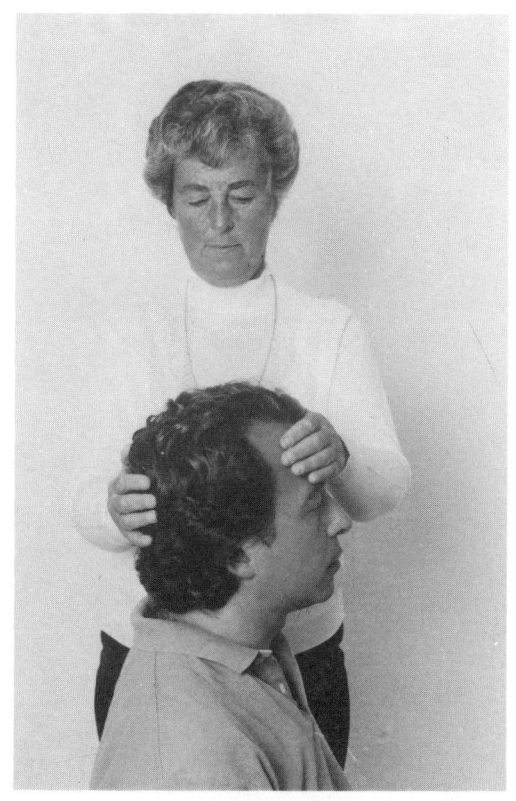

Abb. 2(d)

6. Legen Sie eine Hand auf die Stirn und die zweite an den Hinterkopf (Abb. 2d). Damit wird ein positiver Energiefluß im Kopf angeregt.

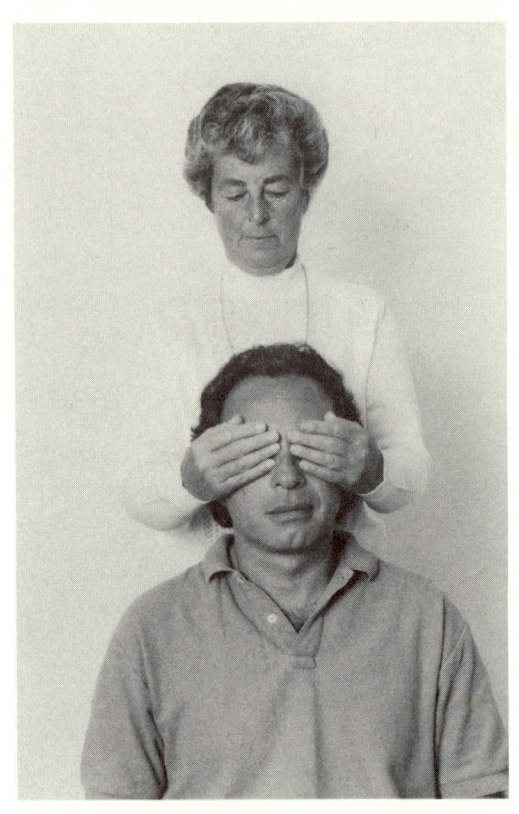

Abb. 3

7. Nun legen Sie die flachen Hände leicht über die Augen (Abb. 3).

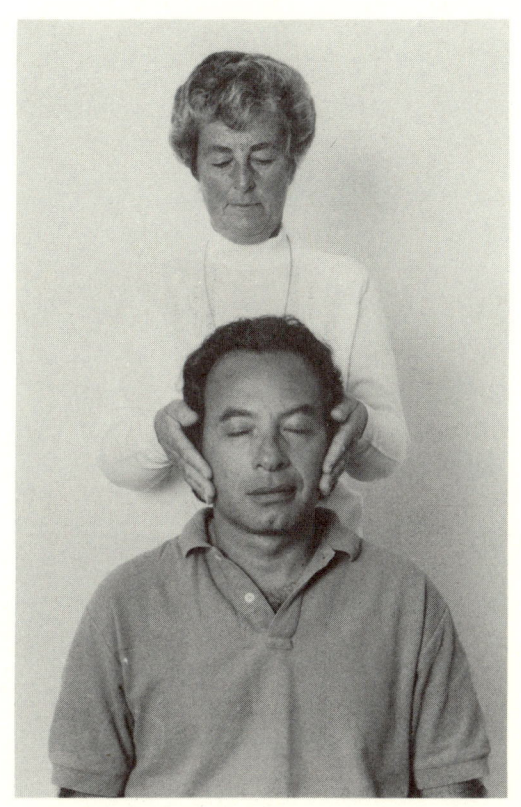

Abb. 4

8. Die Hände liegen über den Ohren (Abb. 4).

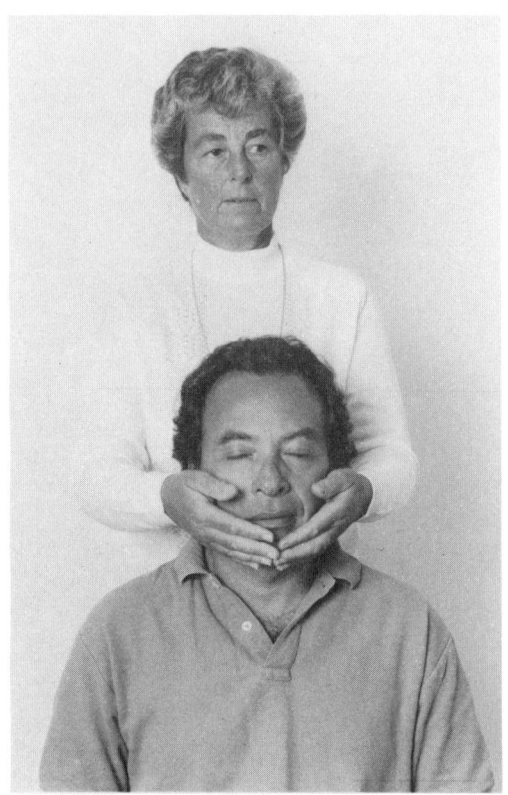

Abb. 4(a)

9. Legen Sie die Hände über Unterkiefer, Mund und Zahnbereich, doch nur, wenn dies ein problematischer Bereich ist (Abb.4a).

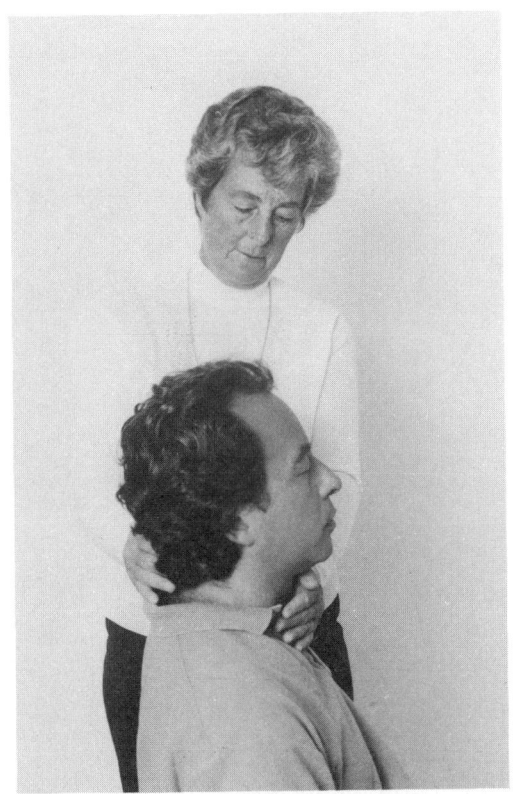

Abb. 5

10. Legen Sie als nächstes eine Hand an den Hals und die
andere in den Nacken (Abb.5). Dies stimuliert die Schilddrüse und die Nebenschilddrüse, die den Stoffwechsel kontrollieren.

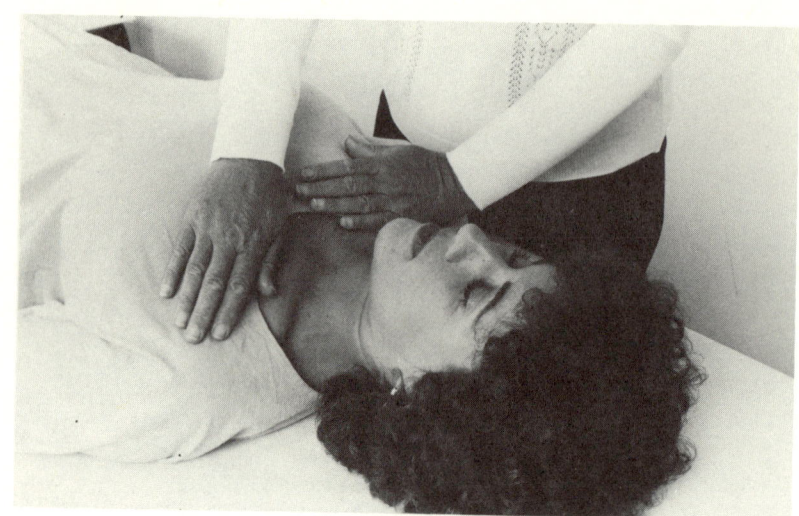

Abb. 6

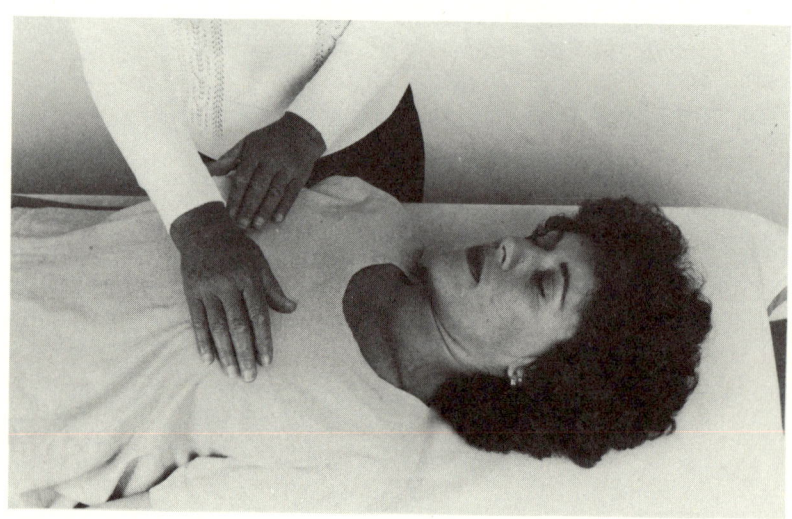

Abb. 7

11. Bitten Sie nun den Klienten leise, sich mit dem Rücken auf den vorbereiteten Tisch zu legen und die Augen geschlossen zu halten.
12. Legen Sie die Hände in Höhe der Schlüsselbeine leicht auf die Brust (Abb. 6). Diese Position hilft bei Bluthochdruck und Atemnot.
13. Bewegen Sie die Hände über die Brust nach unten (Abb. 7). Bei Frauen sollten Sie die Hände 3 bis 5 cm über den Brüsten halten, um Abwehrreaktionen oder peinliche Situation zu vermeiden. Durch diese Position können Muskelverspannungen und Probleme im Brustbereich gelindert werden.
14. Legen Sie eine Hand über die Milz und die andere auf die Leber (Abb. 8). Damit werden diese Organe energetisiert. Wenn bei einem dieser Organe ein Wärmegefühl entsteht, legen Sie beide Hände über dieses Organ (Abb. 8a).

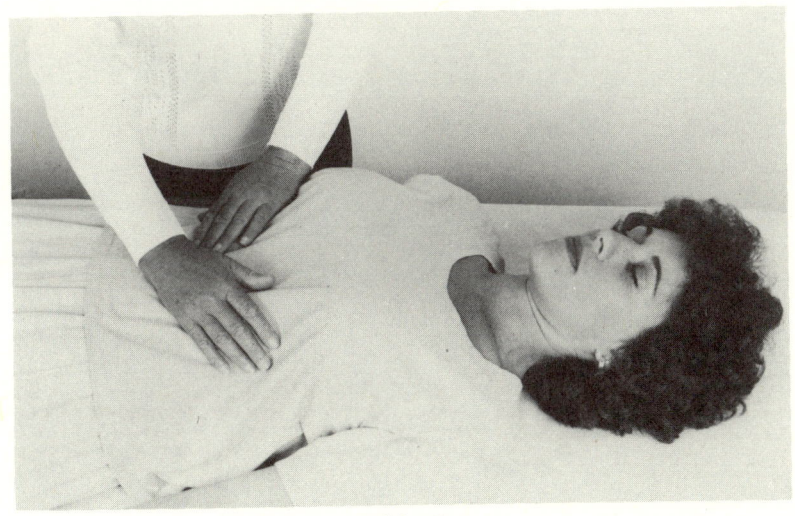

Abb. 8

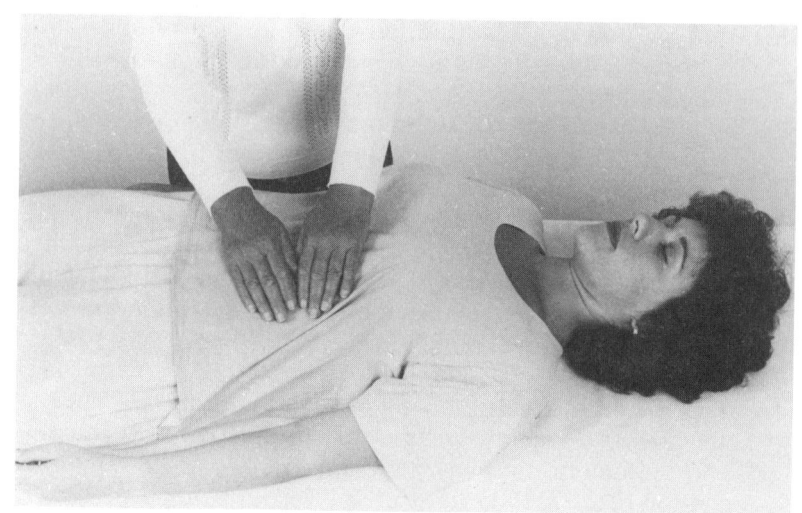

Abb. 8(a)

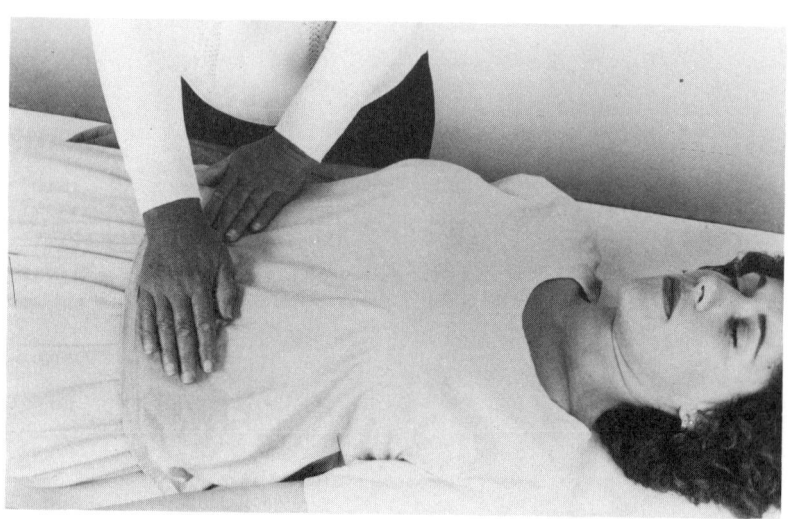

Abb. 9

15. Legen Sie die Hände in Hüfthöhe auf den Bauch und bedek-
ken Sie den oberen Dickdarm. Dadurch wird Spannung im
Verdauungstrakt abgebaut (Abb. 9).
16. Legen Sie die Hände auf das Becken und den Unterbauch
und bedecken Sie die Eierstöcke beziehungsweise die Pros-
tata (Abb. 10). Damit werden diese Bereiche entspannt und
energetisiert. Bei Männern liegt die richtige Stelle etwas
tiefer als bei Frauen. Halten Sie die Hände 3 bis 5 cm über
dem Körper, um eine Stimulation zu vermeiden.

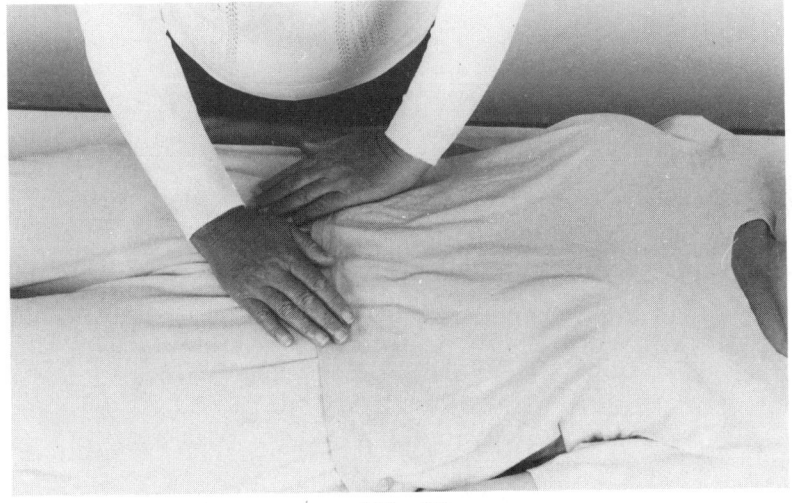

Abb. 10

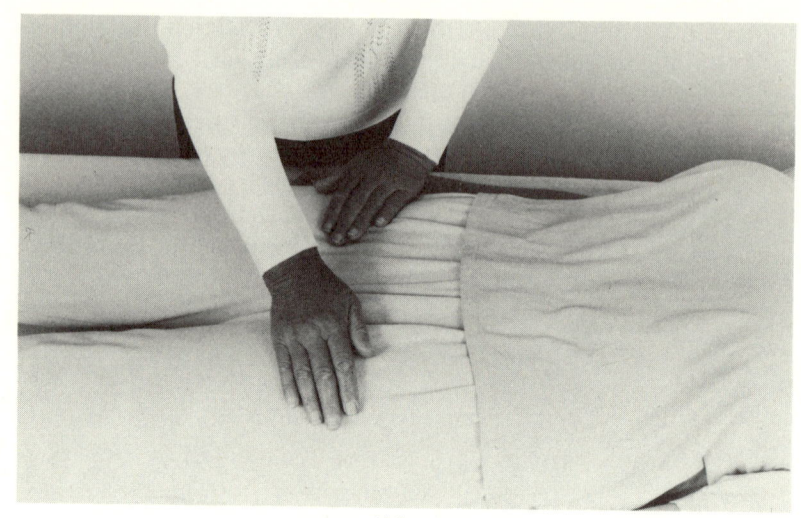

Abb. 11

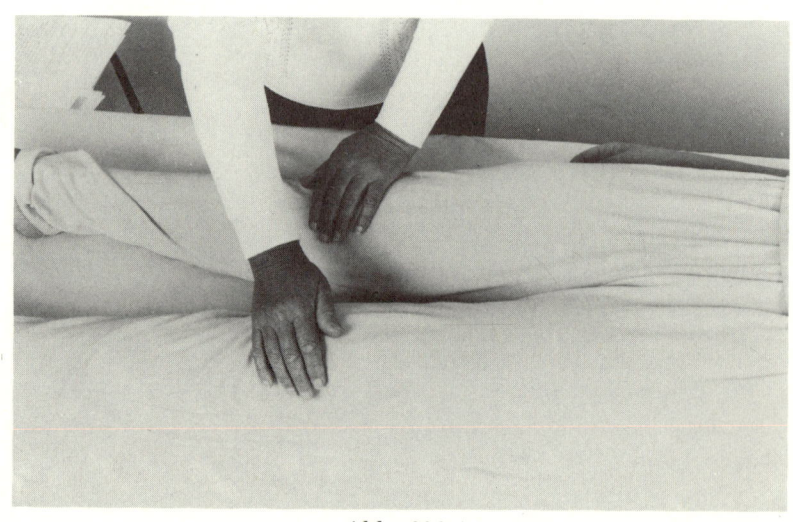

Abb. 11(a)

17. Bei manchen Menschen sind die Gelenke steif und schmerzen stark. Die folgenden Positionen helfen dabei, blockierte Gelenke zu entspannen. Legen Sie zuerst die Hände auf beide Oberschenkel (Abb. 11).
18. Gehen Sie weiter nach unten zu den Knien (Abb. 11a).
19. Legen Sie nun die Hände auf die Fußgelenke (Abb. 11b).

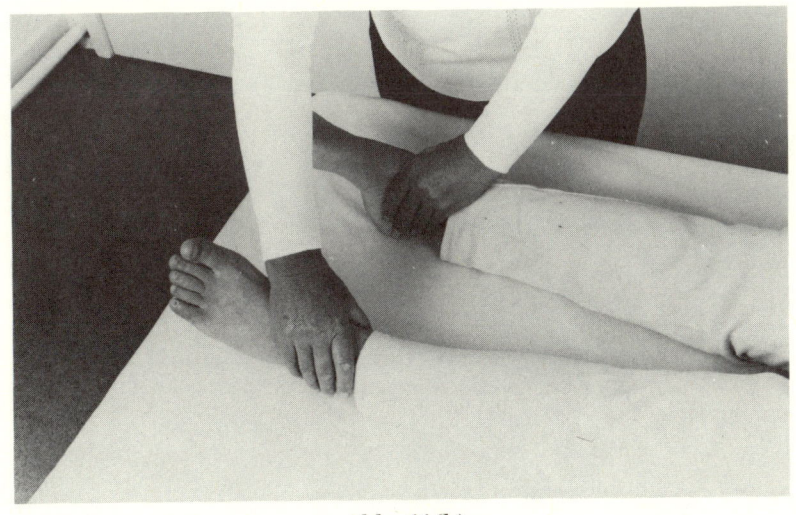

Abb. 11(b)

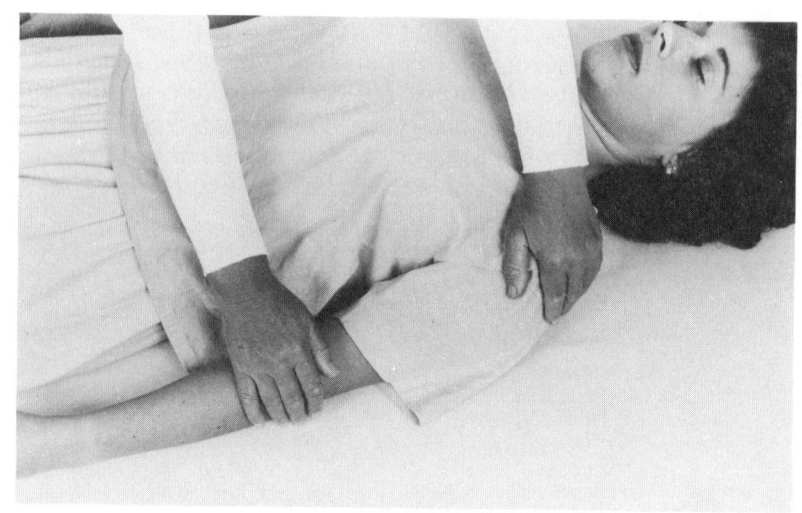

Abb. 12

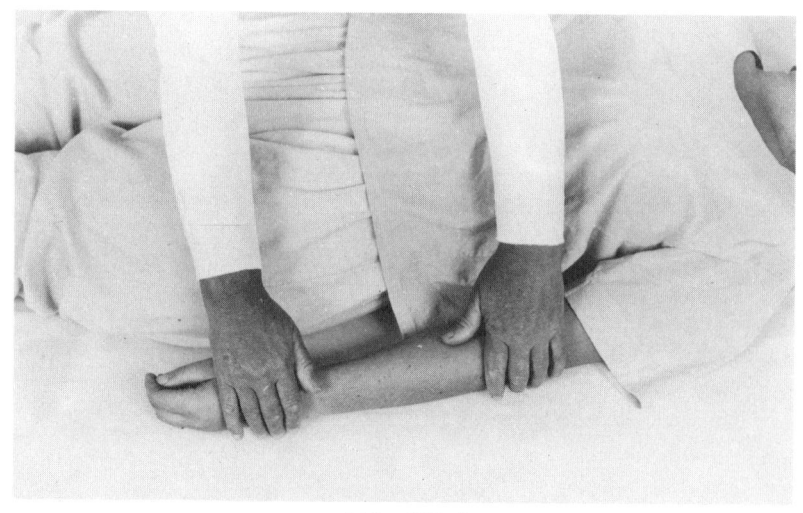

Abb. 12(a)

20. Gehen Sie wieder hinauf und legen Sie eine Hand auf die Schulter und die zweite auf den Ellbogen (Abb. 12).
21. Gehen Sie mit beiden Händen gleichzeitig weiter nach unten, bis eine den Ellbogen und die andere das Handgelenk berührt (Abb. 12a). Machen Sie dann streichende Bewegungen von der Schulter über die Hand, als wollten Sie den Arm langziehen. Führen Sie diese Bewegung zwei- oder dreimal aus. Bearbeiten Sie danach die andere Schulter und den anderen Arm.
22. Bitten Sie Ihren Klienten, sich langsam und mit geschlossenen Augen auf den Bauch zu drehen. Er soll die Arme nach unten neben den Körper legen und den Kopf auf die linke oder rechte Seite drehen.
23. Legen Sie die Hände auf die Fußsohlen (Abb. 13). In dieser Position kann die Energie durch den ganzen Körper strömen.

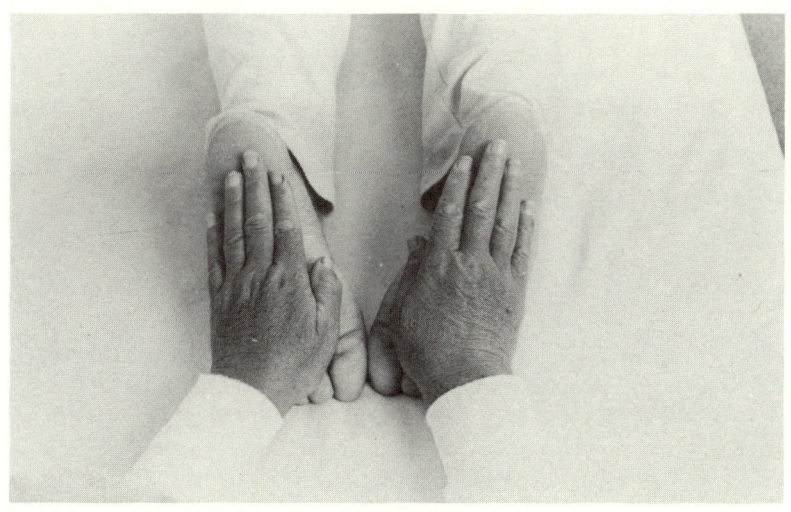

Abb. 13

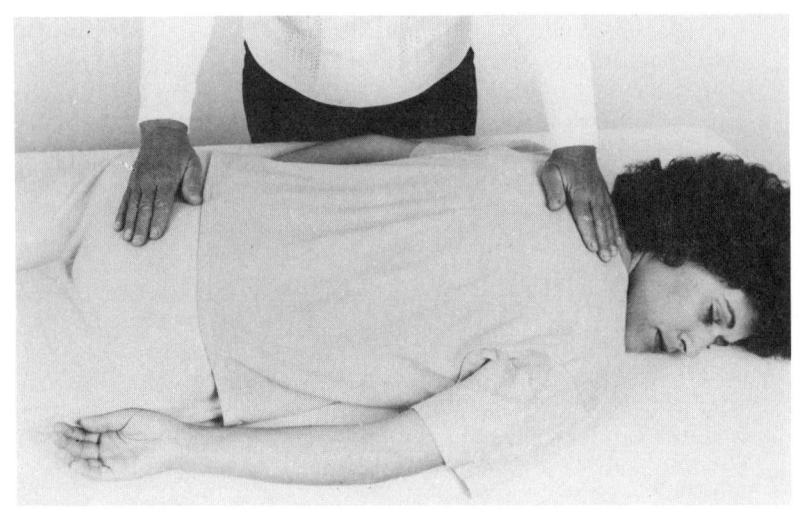

Abb. 14

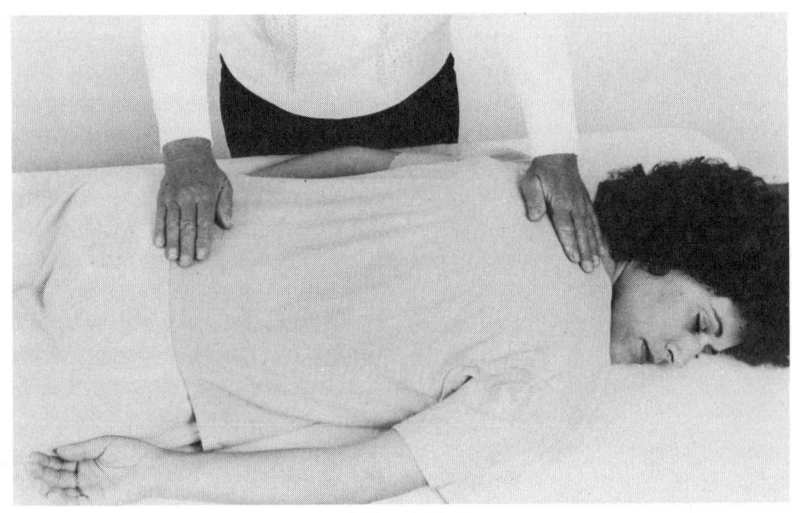

Abb. 14(a)

82

24. Legen Sie eine Hand leicht auf den Nackenansatz und die andere auf das Steißbein (Abb. 14). Diese Position ist besonders wohltuend für Menschen, die wenig Energie haben. Da sich in der Wirbelsäule das zentrale Nervensystem befindet, werden von hier aus über die Nerven die verschiedenen Organe und Bereiche des Körpers angesprochen; wenn Sie die Wirbelsäule bearbeiten, werden diese Nerven angeregt und stärken und energetisieren damit alle anderen Organe und Drüsen.
25. Lassen Sie die obere Hand liegen und legen Sie die untere eine Handbreit höher auf (Abb. 14a).
26. Lassen Sie die obere Hand liegen und legen Sie die untere Hand ins Kreuz (Abb. 14b).

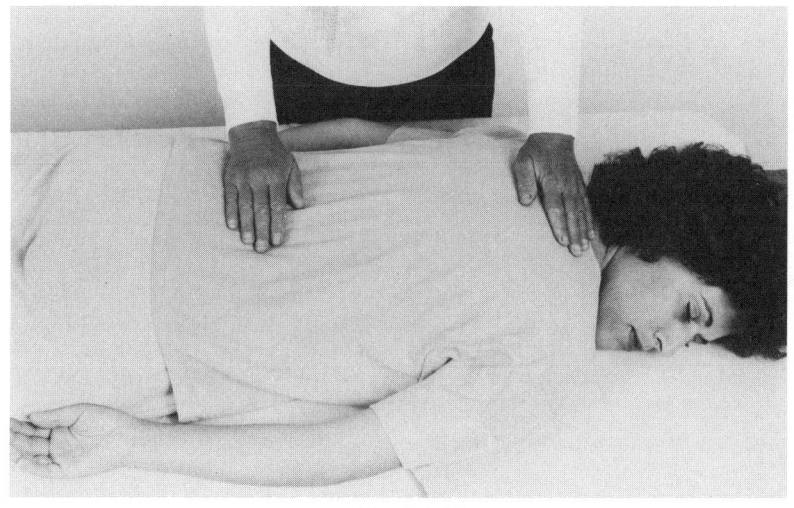

Abb. 14(b)

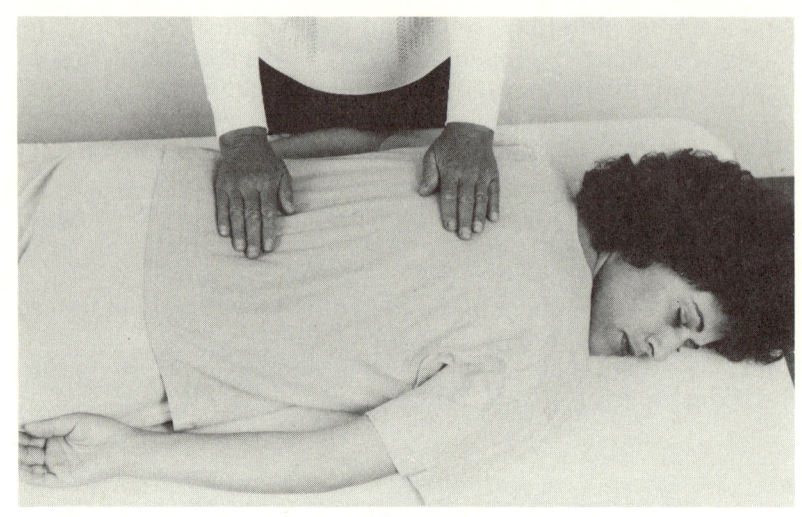

Abb. 14(c)

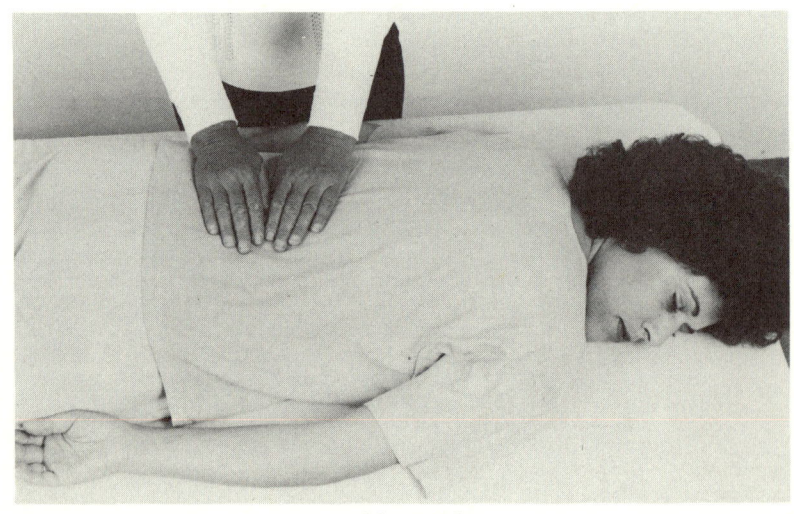

Abb. 14(d)

27. Jetzt lassen Sie die untere Hand liegen und legen die obere in Höhe des Herzens zwischen die Schulterblätter (Abb. 14c).

28. Legen Sie nun beide Hände dicht nebeneinander ins Kreuz (Abb. 14d).

29. Bewegen Sie die Hände nach oben, bis sie in Höhe der Schulterblätter beide Seiten des Rückens bedecken (Abb. 15). Diese Position ist besonders gut für Lungen und Nerven.

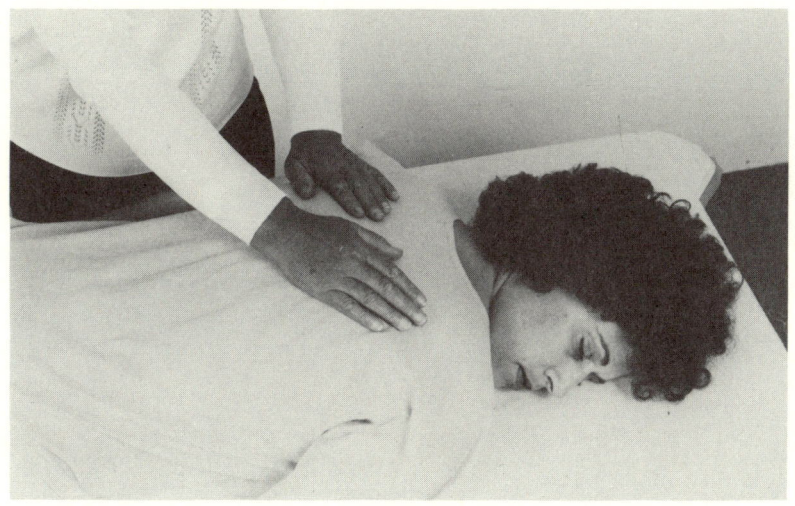

Abb. 15

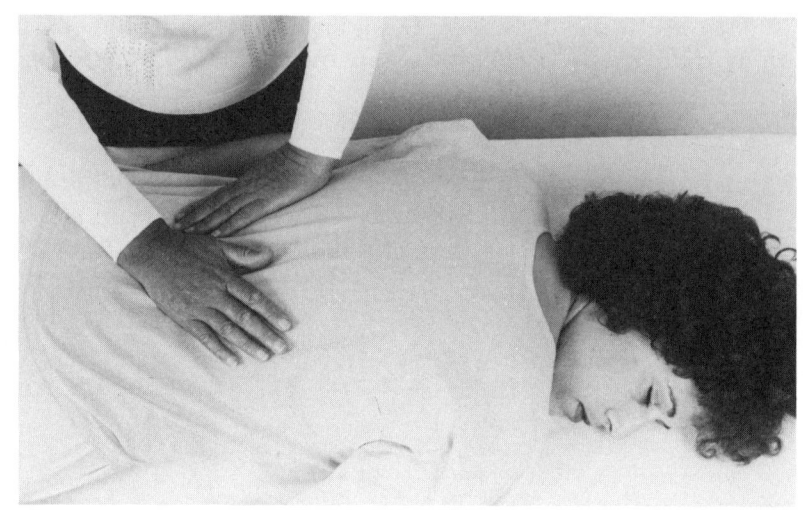

Abb. 16

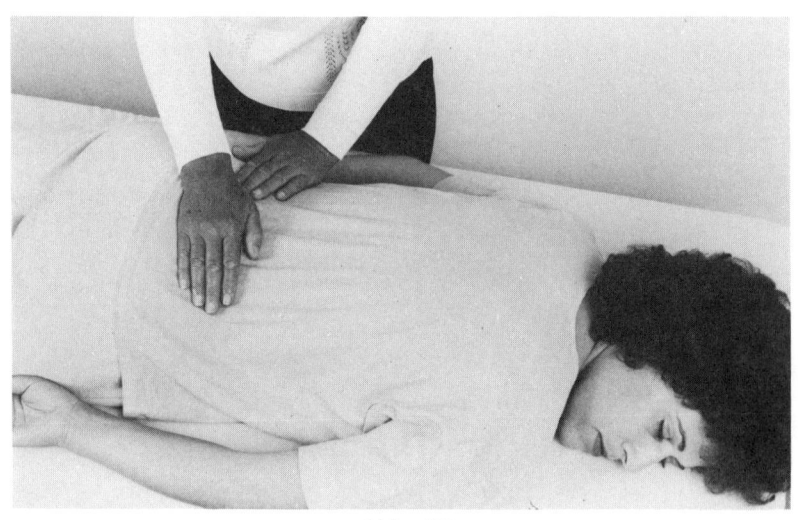

Abb. 17

30. Legen Sie die Hände über die Nieren; die Nebennieren steuern den Adrenalinhaushalt (Abb. 16). Damit wird dieser Bereich energetisiert.
31. Gehen Sie mit den Händen wieder nach unten zu den Lendenwirbeln (Abb. 17). In diesem Bereich haben viele Menschen Rückenschmerzen.
32. Gehen Sie nun in zwei Schritten wieder hinunter zum Gesäß. Gehen Sie zuerst zum oberen Teil des Gesäßes und zum Becken (Abb. 18); dann zum unteren Teil des Gesäßes knapp unter dem Hügel (Abb. 18a). Damit werden nicht nur diese Bereiche energetisiert, sondern auch alle Nerven angeregt, die durchs Becken verlaufen und Beine, Rücken, Darm und Uterus versorgen.

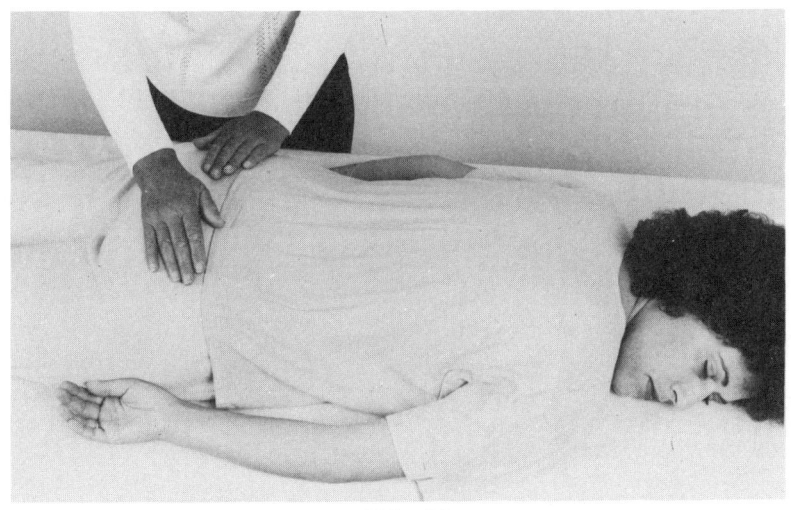

Abb. 18

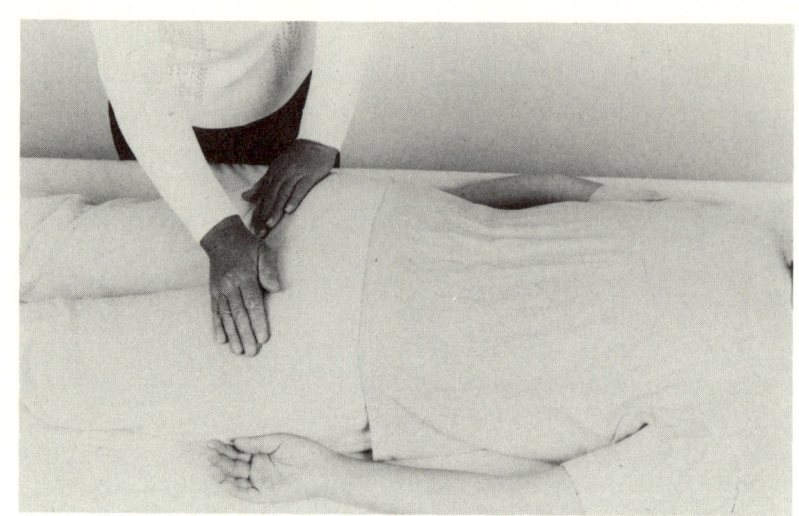

Abb. 18(a)

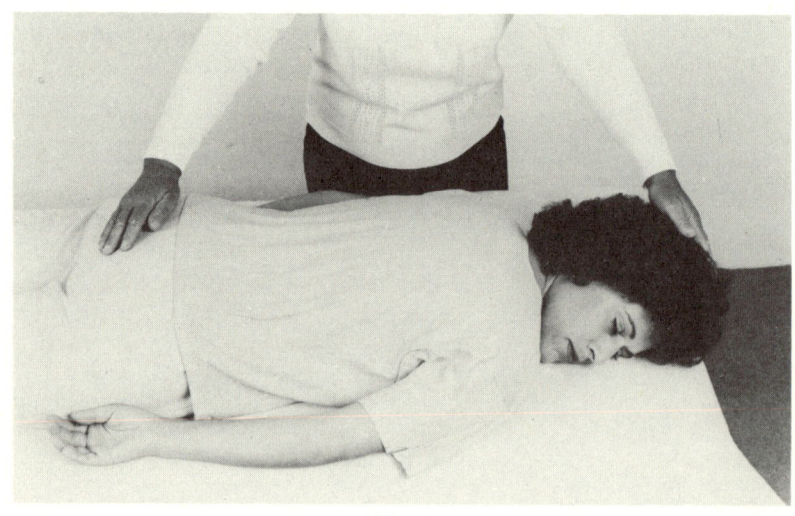

Abb. 19

33. Machen Sie nun langsame streichende Bewegungen vom Gesäß aus über die Beine nach unten und über die Füße hinaus, als wollten Sie die Beine verlängern. Führen Sie diese Bewegungen zwei- oder dreimal aus. Wenn der Klient Probleme mit den Beinen hat, können Sie dem entsprechenden Bereich mehr Zeit widmen. Arbeiten Sie nicht direkt mit Krampfadern (siehe unter »Behandlungen«).

34. Legen Sie nun eine Hand auf das Schädeldach und eine auf das Steißbein (Abb. 19). Bleiben Sie zwei oder drei Minuten in dieser Position. So kann die Energie störungsfrei durch das ganze zentrale Nervensystem fließen.

35. Lassen Sie eine Hand auf dem Schädeldach liegen und ziehen Sie die zweite Hand zurück (Abb. 20). Ihre Aufmerksamkeit gilt nun nur noch dem Schädeldach, und Sie können sich darauf einstimmen, daß die Behandlung vorbei ist und dafür danken, daß Sie als Kanal wirken durften.

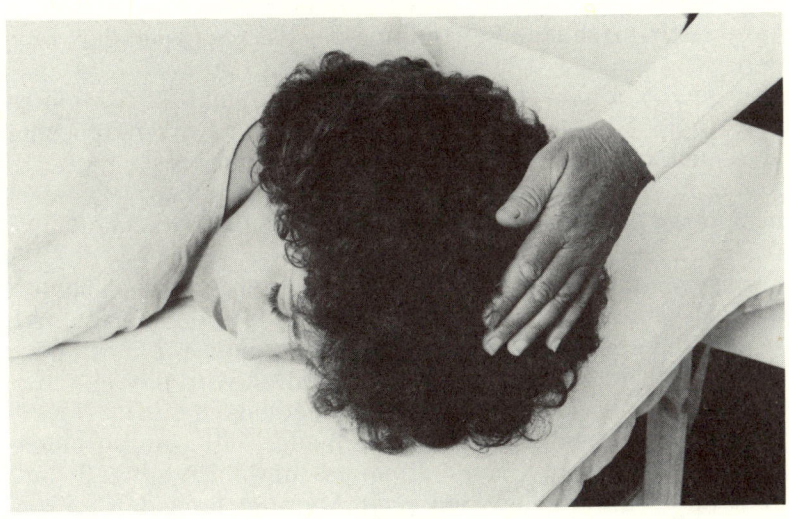

Abb. 20

Behandlungen

Allgemein beginnt eine Behandlung mit dem Kopf, dann kommt der Rest des Körpers an die Reihe, und zuletzt kann man zusätzlich etwas Zeit auf Bereiche verwenden, die eine intensivere Behandlung brauchen.
Doch wenn der ganze Körper behandelt wird, werden automatisch auch alle problematischen Bereiche erfaßt und entspannt.
Wenn man zu einem problematischen Bereich zurückkehrt oder längere Zeit dort verweilt, gibt man ihm zusätzliche Energie, doch auch dies geschieht stets in Relation zum Ganzen.
Das gilt auch für Probleme im Kopfbereich. So haben zum Beispiel Sehstörungen häufig mit den Nieren und der Ausscheidung zu tun. Wenn wir den ganzen Körper behandeln, wird Energie freigesetzt, die dann auch auf die Augen wirken kann.
Es gibt jedoch einige Fälle, in denen eine besondere Behandlung erforderlich ist:
Unfälle: Ganz egal, was geschehen ist, behandeln Sie immer den Kopf, denn dadurch wird die Heilungsenergie freigesetzt und der Schock gemildert. Arbeiten Sie dann gleichzeitig mit je einer Hand am Kopf und im betroffenen Bereich. Der Schock kann auch durch eine Behandlung des Herzens gemildert werden.
Verrenkungen und Verstauchungen: Behandeln Sie 5 Minuten den Kopf, dann halten Sie 10 Minuten den verrenkten oder verstauchten Bereich mit beiden Händen.
Sturz: Auch hierbei entsteht ein Schock, so daß es besonders bei älteren Menschen wichtig ist, den Kopf, die Wirbelsäule und das Herz zu behandeln.
Kopfschmerzen: Es gibt verschiedene Arten von Kopfschmerzen. 1. Schmerzen in der Stirn. Sie entstehen meist durch schlechte Verdauung, deshalb muß abgesehen vom Kopf auch der Darmtrakt behandelt werden. Dadurch wird die Ausscheidung unterstützt. 2. Schmerzen im Schädeldach und im Hinterkopf. Sie enstehen meist durch Streß oder schlechte Durchblutung, was zu einem Sauerstoffmangel im Gehirn führt. Behandeln Sie den Kopf und ein paar Minuten lang den ganzen Körper.

Krampfadern: Berühren Sie das Bein nicht direkt, denn die Wärme Ihrer Hände kann die dicht unter der Haut liegenden Blutgefäße beschädigen. Halten Sie besser die Hände 3 bis 5 cm über dem Bein.

Emotionale oder psychologische Krise: Behandeln Sie immer den Kopf. In diesen Fällen kann es auch hilfreich sein, das Herz und die Milz zu behandeln, denn zwischen dem Kopf und diesen beiden Organen bestehen direkte Verbindungen.

Das Ende der Behandlung

Wenn Sie fertig sind, lassen Sie alles los und streifen alles von sich ab, was stattgefunden hat. Lassen Sie alles los. Dann sagen Sie leise Ihrem Klienten:»Wir sind fertig, Sie können wieder die Augen öffnen.«

Sie sollten Hände und Handgelenke in kaltem Wasser waschen, wenn Sie eine schwere Krankheit oder die Füße behandelt haben. Es ist auch ratsam, zur Toilette zu gehen, um die Flüssigkeit loszuwerden, die sich bei der Behandlung gesammelt haben kann.

Wenn Ihr Klient wieder »zu sich kommt«, taucht er meist aus einem tiefen Wohlbefinden wieder auf. Manche Klienten haben, wenn sie wieder zu Hause sind, das Bedürfnis, sich hinzulegen. Sie sollten Ihre Klienten stets auf dieses Ruhebedürfnis hinweisen. Wenn der Klient in dieser Ruhephase einschläft, soll er schlafen, bis er von selbst erwacht. In dieser Zeit läuft der Heilungsprozeß auf einer viel tieferen Ebene weiter.

Wenn nötig und wenn Sie den Raum dafür haben, kann er auch bei Ihnen ruhen, ehe er nach Hause geht.

Manchmal schläft ein Klient während der Behandlung ein. Wecken Sie ihn nicht auf, sondern sagen Sie alle 5 Minuten leise:»Es ist jetzt gut, ich bin fertig, Sie können aufwachen.« Es dauert meist 10 bis 15 Minuten, bevor die Klienten von selbst aufwachen.

Wenn Ihr Klient mit dem Auto nach Hause fährt, sollten Sie ihm raten, besonders vorsichtig zu sein, da er möglicherweise etwas benommen ist.

Wenn Sie die Möglichkeit haben, sollten Sie sich jetzt 5 Minuten zu einer Meditation hinsetzen. Es ist sehr wichtig, daß Sie sich nicht persönlich auf die Probleme oder Schwierigkeiten Ihrer Klienten einlassen. Nachdem Sie eine Geschichte gehört und eine Behandlung durchgeführt haben, könnten Sie von der Situation, mit der Sie gerade zu tun hatten, sehr betroffen sein. Sie müssen alles loslassen. Sie können Ihren Klienten nicht helfen, wenn Sie um sie trauern. Mitgefühl ist wichtiger. Schikken Sie den Klienten Ihr Mitgefühl und dann lassen Sie los. Wenn Sie Ihre Klienten mit sich herumschleppen, werden Sie bald Ihre ganze Energie verlieren. Sie haben alles getan, was Sie tun können, und die weitere Entwicklung liegt nicht mehr in Ihren Händen. Es ist besser, einfach mitfühlend zuzuhören und der Energie zu erlauben, sich ohne Behinderung durch Ihren Körper zu bewegen, statt sich auf die Schwierigkeiten einzulassen. Wenn Sie sich zu sehr einlassen, behindern Sie den Energiefluß und können nicht mehr helfen.

Anmerkung

Zur Unterstützung des Reinigungsprozesses können Kräuter verwendet werden. Für die Blutreinigung sind die folgenden besonders empfehlenswert: Klettenwurzel, Löwenzahn, Grindwurz, Roter Klee und Chaparral. Diese Mittel, die als Kapseln oder lose erhältlich sind, werden zu einem Tee aufgegossen. Der Tee sollte dreimal täglich, am besten jeweils eine halbe bis eine Stunde vor den Mahlzeiten, getrunken werden. Dabei erhöht sich auch die Urinausscheidung, weil diese Kräuter zugleich abführend wirken.

V. Kapitel

Die Erfahrung des Heilers

Wenn Sie einen Klienten behandeln, bemerken Sie vielleicht ganz unterschiedliche Empfindungen, Gefühle, Bilder oder Aktivitäten in sich selbst. Das ist völlig natürlich. Wenn Sie Energie kanalisieren und durch sich strömen lassen, sind Sie sehr offen und empfindsam für sich selbst und andere Menschen.

Es könnte sein, daß Sie sich, ohne es selbst zu bemerken, auf viele verschiede Manifestationen der Energie einstimmen und diese dann wahrnehmen. Sie sollten diese Erfahrungen loslassen. Beachten Sie sie nicht weiter.

Es sind nur Manifestationen, die für sich selbst genommen unwichtig sind. Wenn Sie sich auf Ihre Arbeit und Ihre innere Stille konzentrieren, werden sich die Erlebnisse auflösen. Auf die Erfahrungen zu achten oder sie für wichtige Zeichen Ihrer eigenen Kraft zu halten, hindert Sie sogar daran, als offener Kanal anderen zu dienen.

Die Hände vom Körper nehmen

Wenn Sie arbeiten, stellen Sie irgendwann vielleicht fest, daß Ihre Hände sich vom Körper entfernen und etwa 3 bis 5 cm über dem Klienten schweben.

Dies ist das Energiefeld, das jeden Menschen umgibt. (Wenn Ihre Hände weiter als 5 cm entfernt sind, sollten Sie sie zurückbringen.)

Sie können Ihre Hände in dieser Entfernung (3 bis 5 cm) lassen, solange Sie wollen, bevor sie von selbst zum Körper zurückkehren.

Es ist möglich, daß die ganze Behandlung auf diese Weise verläuft; die Zeit wird es zeigen.

Zunächst müssen Sie jedoch Ihre Fähigkeiten zum Channelling und Ihr Selbstvertrauen entwickeln.

Schwingungen

Ihre Hände könnten vibrieren oder die Schwingungen im Körper Ihres Klienten empfangen. Das ist nicht ungewöhnlich. Achten Sie an diesem Punkt nicht weiter darauf. Fahren Sie einfach in der Behandlung fort wie beschrieben. Vibrationen oder Energieempfindungen in den Händen treten recht häufig auf – Sie könnten sogar leichte Bewegungen oder Veränderungen im Fleisch oder im Knochen spüren. Machen Sie sich keine Sorgen. Was Sie da bemerken, ist einfach das Ausbalancieren der Energie. Nehmen Sie es zur Kenntnis, lassen Sie los und greifen Sie nicht ein.

Eindrücke

Vielleicht entstehen in Ihnen verschiedene Bilder oder Farbeindrücke (vor allem Violett oder Grün); sie könnten religiöse oder Heilsymbole sehen, wundervolle Landschaften oder die Organe des Körpers. Sie könnten sogar die kranken Teile des Körpers, mit dem Sie arbeiten, »sehen«. Nehmen Sie es zur Kenntnis, aber klammern Sie sich nicht an die Bilder. Sie sind nichts als Spiegelbilder Ihrer Offenheit.

Sie könnten auch eine Stimme »hören« oder das Gefühl einer inneren Führung haben, die Ihnen sagt, wo der Klient, den Sie gerade behandeln, erkrankt ist, welches die Grundursache der Beschwerde ist und wie Sie helfen können. Sie könnten es auch »wissen«, wenn ein Leiden gelindert oder geheilt wurde. Entscheiden Sie selbst, ob Sie dem Klienten Ihre Intuitionen mitteilen wollen oder nicht.

Viele Heiler brennen geradezu darauf, ihren Klienten mitzuteilen, was sie psychisch aufgeschnappt haben und was mit den Klienten nicht stimmt. Dadurch wird das Bewußtsein der beiden Beteiligten auf die Version des Heilers beschränkt. Und dabei wird die Tatsache nicht berücksichtigt, daß die innere Energie des Klienten die eigentliche Heilungskraft ist.

Natürlich möchten die meisten Klienten wissen, was mit ihnen los ist, doch wir müssen uns immer fragen, ob es richtig ist, es ihnen mitzuteilen. Schließlich vertrauen wir bei unserer Arbeit darauf, daß die Lebensenergie fähig ist, das Gleichgewicht wiederherzustellen, ohne daß wir einer Störung Etiketten, Definitionen oder Interpretationen überstülpen.

Mitunter kann es ratsam sein, still zu bleiben und die Heilung in ihrem eigenen Rhythmus fortschreiten zu lassen, denn um geheilt zu werden, muß ein Klient nicht unbedingt wissen, was nicht in Ordnung ist.

Wenn er es weiß (oder zu wissen glaubt), kann er sich sogar unnötige Sorgen machen, er kann verwirrt werden oder Angst bekommen. Deshalb erreichen wir im Grunde nichts, wenn wir einem Klienten sagen, daß wir das Problem intuitiv erfaßt haben, außer vielleicht eine Bestätigung für unsere psychischen Fähigkeiten zu bekommen. Es ist nicht leicht, demütig zu sein und dem Göttlichen zu vertrauen.

Manchmal ist es jedoch nötig, dem Klienten etwas über seinen Zustand mitzuteilen und ihm zu erklären, wie er sich helfen kann, damit die Entspannung vertieft wird. Wir müssen dabei aber immer berücksichtigen, daß wir keine Diagnose stellen, sondern lediglich einen Eindruck formulieren. Wenn unsere Äußerung wie eine objektive Feststellung klingt, kann sie nicht nur den Patienten erschrecken, sondern ihn auch in die Irre führen.

Wenn Sie mehr und mehr über den Heilprozeß lernen, könnten Sie alle möglichen Informationen »empfangen«, die Sie nicht ganz verstehen oder die Sie vielleicht falsch interpretieren.

So könnten Sie bei Ihrem Klienten zum Beispiel ein Problem im Verdauungstrakt feststellen und aus Unerfahrenheit den Eindruck erwecken, es sei Krebs oder eine andere sehr schwere Krankheit. Durch diese Fehlinterpretation können Sie dem Klienten unnötige, große Sorgen bereiten.

Es wäre besser, ihm ganz sachlich eine ärztliche Untersuchung vorzuschlagen, ohne ihn allzusehr zu beunruhigen. Wenn Ihre Empfänglichkeit zunimmt, wird sich auch Ihr Verständnis für die Vorgänge vertiefen, so daß Sie Ihre Informationen mit größerem Takt, größerer Objektivität und weniger Aufgeregtheit weitergeben können.

Dies ist ein Bereich, in den das Ich nur allzuleicht hineingezogen wird. Vertrauen Sie deshalb zu allen Zeiten darauf, daß das Göttliche und das Leben selbst das Ungleichgewicht ausbalancieren wird.

Wenn Sie mit Ihren Klienten sprechen, ist es außerdem wichtig, Ihnen zu vermitteln, daß sie ihre Krankheit positiver sehen sollen, als Chance zu Veränderung und Wachstum. Krankheit ist ein Hinweis auf ein Ungleichgewicht im Innern, und deshalb bietet sie die Chance, auf einer tieferen Ebene ein Gleichgewicht herzustellen, dessen Notwendigkeit bisher noch nicht erkannt werden konnte.

Vom therapeutischen Standpunkt aus ist es viel besser, daß die Störung sich manifestiert, als daß sie im Inneren des Klienten verschlossen bleibt. Heiler können ihren Klienten helfen, diese Einstellung für sich zu übernehmen, damit sie sich nicht mehr hilflos und als Opfer ihrer Schwierigkeiten fühlen.

Symptomübertragung

Es ist gerade am Anfang leicht möglich, daß Sie sich die Symptome oder Schmerzen Ihres Klienten zuziehen. Werden Sie nicht böse auf sich selbst, wenn dies geschieht. Es wird sich ändern, wenn Sie sicherer werden. Doch es ist keine angenehme Erfahrung, und wenn es allzu oft geschieht, können Sie einen großen Teil Ihrer Energie verlieren. Viele Menschen halten dies anscheinend für ein Zeichen besonderer Heilfähigkeiten, aber dem ist nicht so. Es ist eher ein Hinweis darauf, daß man sich zu sehr auf die Situation eingelassen hat und innerlich zu sehr beteiligt ist. Und das nützt niemand.

Wenn Sie feststellen, daß Sie Symptome übernehmen, dann sollten Sie sich, nachdem Ihr Klient gegangen ist, etwas Zeit für sich selbst lassen und sich still hinsetzen. Akzeptieren Sie, was geschehen ist. Erkennen, Sie, daß der Schmerz, den Sie fühlen, nicht der eigene ist. Es ist ein Schmerz, den Sie nicht wollen und der nichts mit Ihnen zu tun hat. Beobachten Sie, wie er zu verschwinden beginnt. Fühlen Sie dem Schmerz nach, bis er verschwunden ist. Es ist nicht Ihr Schmerz, und Sie brauchen ihn nicht.

Die Übertragung von Symptomen ist ein wichtiger Gradmesser für Ihre Fähigkeit, distanziert zu bleiben. Haben Sie sich weiter eingelassen, als Sie selbst vermutet hätten? Wie klar sind Ihre Motive? Versuchen Sie, der Heiler zu sein, statt nur ein Übermittler, mit dessen Hilfe die Menschen sich selbst heilen können? Je weiter Sie zur Seite treten und die Energie durch sich fließen lassen können, desto weniger laufen Sie Gefahr, Energien aufzuschnappen, die Sie erschöpfen oder verwirren.

Kopfschmerzen und Erschöpfung

Beides entsteht aus Überanstrengung. Die Fähigkeit zum Channelling wächst im Laufe der Zeit; erzwingen Sie nichts. Durch Erfahrung werden Sie schließlich Ihre Fähigkeiten kennenlernen. Es ist sinnlos, es zu übertreiben, denn damit ist niemand geholfen. Auf sich selbst acht zu geben ist viel wichtiger als zu glauben, man könnte jeden behandeln, der kommt. Lassen Sie sich Zeit, gehen Sie Schritt für Schritt vor. Ruhen Sie sich aus, wann immer es nötig ist. Erschöpfung entsteht gewöhnlich, wenn Sie Ihre eigene Energie gegeben haben, statt Energie zu kanalisieren; es braucht Zeit, die Anwendung einer neuen Technik zu lernen.
Kopfschmerzen entstehen durch Streß, Spannung, Verstopfung oder Aufnahme von Giften. Oder durch übertriebenen Ehrgeiz. Entspannen Sie sich. Akzeptieren und lieben Sie sich wie Sie sind. Finden Sie zur Stille in Ihrer Mitte zurück. Sie brauchen nichts zu erzwingen, Sie brauchen nichts zu versuchen. Je verbissener Sie es versuchen, desto weniger werden Sie erreichen. Sie brauchen sich keine Sorgen zu machen, wenn nicht alles so geschieht, wie Sie wollen. Entspannung ist weit hilfreicher als übertriebener Ehrgeiz.

Hitze/Kälte/Dichte/Flüssigkeit

Diese Gefühle sind völlig normal. In verschiedenen Körperteilen können Sie unterschiedliche Temperaturempfindungen haben. Manche Bereiche könnten sich dicht, massiv oder zäh anfühlen, während andere Bereiche flüssig, weich und nachgiebig erscheinen. Nehmen Sie es zur Kenntnis und lassen Sie los. Sich an diese Eindrücke zu klammern, bedeutet, sich einzulassen. Es sind einfach Ausdrucksformen verschiedener energetischer Zustände, die für die Behandlung, die Sie durchführen, keine Bedeutung haben. Manche Bereiche könnten auch sehr dunkel erscheinen, wie eine schwarze Wolke, was auf ein neueres Problem hinweist. Lichtflecken sind Kennzeichen für ältere Probleme. Nehmen Sie diese Informationen einfach zur Kenntnis und lassen Sie los. Sie sind nicht wichtig.

Wärme und Schwitzen

Wärmegefühle und/oder Schwitzen sind weitere Anzeichen dafür, daß Sie Energie aufgenommen haben. Dies sind Reaktionen des Nervensystems. Auch hier ist es wieder wichtig, sich zu entspannen, innerlich ruhig zu werden, tief zu atmen und loszulassen. Wenn Sie im Frieden mit sich selbst sind, lassen Sie sich nicht von energetischen Manifestationen einfangen. Wenn diese Empfindungen nicht aufhören, obwohl Sie glauben, mit sich im Frieden zu sein, dann lassen Sie sie, wie sie sind. Da Sie offen und empfänglich sind, lassen sich solche Reaktionen nicht immer vermeiden, doch sie werden sich rasch auflösen, wenn Sie nicht weiter darauf achten.

Geerdet bleiben

Bei der Behandlung werden Ihre Klienten eine Reihe verschiedener Gefühle oder Gedanken haben, und möglicherweise können sie auch alte Traumata oder Schwierigkeiten loslassen. Da Sie mit den Patienten allein sind, werden sich diese auch an Sie wenden. Ihre Distanz hält Sie nicht davon ab, ein aufmerksamer, mitfühlender Zuhörer zu sein. Geben Sie die Unterstützung, die Ihnen im Augenblick richtig erscheint, aber vergessen Sie nicht, daß Sie kein Therapeut oder Arzt sind. Lassen Sie

Ihren Klienten den Raum und die Freiheit, sich auszudrücken, und geben Sie ihnen ein Gefühl von Sicherheit, während Sie selbst zentriert und still bleiben.

Sie werden es mit der Zeit spüren, wann ein Klient allein sein muß; drängen Sie ihn nicht zum Reden. Erkennen Sie die Grenzen Ihrer Erfahrung und bleiben Sie innerlich klar. Viele Heilpraktiker finden es sehr nützlich, zugleich als Berater zu arbeiten; es ist wichtig, daß Sie zumindest innerlich die Gewißheit haben, daß Sie mit der Situation umgehen können.

Der Prozeß des Heilens ist für jeden Menschen anders, und deshalb kann man nichts voraussagen. Manche Klienten können eine große Entspannung und Erleichterung erleben, andere sind frustriert, wenn ihre Erwartungen in die Behandlung nicht erfüllt werden, weil sie nicht bemerken, daß die Heilung auch ohne sichtbaren Ausdruck und ohne klares Gefühl stattfinden kann.

Vertrauen Sie sich selbst, vertrauen Sie der Arbeit und versuchen Sie nicht, jemand zu sein, der Sie nicht sind.

Sagen Sie dem Klienten nach der Arbeit leise, daß die Behandlung vorbei ist und schlagen Sie vor, daß er noch eine Weile ruhen kann, bevor er nach Hause geht.

Wenn Sie innerlich ruhig bleiben, werden Sie feststellen, daß Sie schwierige Situationen viel leichter bewältigen können, als Sie vielleicht glaubten. Geerdet zu sein bedeutet, innerlich klar zu sein, sich nicht verwickeln zu lassen und sich nicht auf die Schwierigkeiten anderer Menschen einzulassen.

Wenn Sie geerdet bleiben, kann der Prozeß ohne störende Einflüsse ablaufen.

VI. Kapitel

Die Erfahrung des Klienten

Der Klient kann bei der Behandlung alle möglichen verschiedenen Empfindungen haben, und es ist auch möglich, daß er frühere Traumata oder Schwierigkeiten losläßt. Nehmen Sie diese Erfahrungen zur Kenntnis und geben Sie Ihrem Klienten das Gefühl, daß alles, was geschieht, völlig normal ist.

Entspannung

Entspannung ist natürlich die angenehmste Erfahrung. Manche Klienten gehen in eine sehr tiefe Entspannung, manchmal schlafen sie sogar oder fühlen sich einfach mit sich im Frieden, und ihre Ängste und Sorgen treten in den Hintergrund. Dieser Frieden kann Bestand haben, so daß ein neues Gefühl des Gleichgewichts und der Harmonie entsteht. Mitunter gehen die Klienten in eine tiefe Meditation.

Versuchen Sie, ein Gespür dafür zu entwickeln, damit Sie die Klienten nicht zu unsanft stören, wenn die Behandlung vorbei ist.

Danach fühlen sich die Klienten meist ruhiger und besser in der Lage, mit ihren Schwierigkeiten umzugehen. Ihre Augen strahlen heller, das Gesicht hat Farbe bekommen, die Klienten haben mehr Kraft und zeigen eine fröhliche oder zuversichtliche Haltung.

All dies liegt an der Energie, die ihnen durch den Heiler übermittelt worden ist. Diese Energie sucht von selbst belastete und kranke Bereiche, lockert Blockaden und verbessert den Energiestrom im ganzen Körper. Der Körper des Klienten benutzt diese Energie, um die beeinträchtigten Bereiche zu beleben, um Verkrampfungen zu lockern und um den Heilungsprozeß in Gang zu setzen.

Wärme/Kälte

Temperaturveränderungen im Körper treten sehr häufig auf. Es kann das Gefühl von Wärme oder Kälte sein, die Klienten können schwitzen oder schaudern. Dies geschieht, wenn sich die Energie auf der Suche nach dem neuen Gleichgewicht im Körper hin und her bewegt. Sie können Ihren Klienten sagen, daß dieses Gefühl bald wieder verschwinden wird.

Wärme ist meist ein Hinweis darauf, daß unerwünschte Gifte oder Emotionen in den Blutkreislauf entlassen werden, und daß sich Gelenke oder Blockaden öffnen. So könnte ein Klient beispielsweise bei einer Behandlung von Arthritis, Rheuma oder ähnlichen Erkrankungen spüren, wie eine starke Wärme von Ihren Händen ausstrahlt. Diese Wärme fördert die Öffnung der Gelenke, und danach werden die Kalziumablagerungen abgebaut und vom Blut entfernt.

Kälte ist ein Hinweis auf Störungen im Blutkreislauf. Ursache ist manchmal eine schlechte Verdauung, die ihrerseits immer auf Streß beruht. Streß hemmt den Blutkreislauf. Schaudern ist ein Hinweis darauf, daß eine vergangene Angst oder ein Trauma losgelassen wird; es ist ein Abschütteln, das oft unbewußt geschieht. Tiefes Seufzen ist ebenfalls ein Hinweis darauf.

Das Herz

Der Herzschlag kann sich vorübergehend verändern, er kann schneller oder langsamer werden. Der Rhythmus wird bald wieder ausgeglichen sein; dies ist nur ein Hinweis darauf, daß Energie in Bewegung gekommen ist. Beschleunigung kann das Loslassen innerer Ängste oder Spannungen anzeigen; eine Verlangsamung des Herzschlages geht meist mit einem Zustand tiefer Entspannung oder Meditation einher.

Bewegungen der Energie

Zu spüren wie sich Energie bewegt, kann etwas beunruhigend

sein, besonders, wenn sie sich anfühlt wie eine Strömung oder Wellen, die durch den Körper gleiten. Manchmal fühlt sie sich auch an wie ein schweres Gewicht, das den Klienten niederdrückt. Doch auch dies wird rasch wieder im Gleichgewicht sein.

Manche Klienten haben das Gefühl, sie würden außer von Ihren auch noch von anderen Händen berührt. Sie spüren diese Hände, oft viel stärker als die Ihren, an verschiedenen Körperteilen oder an der Stelle, an der Sie gerade arbeiten; mitunter sogar innerhalb des Körpers.

Dies ist die Energie, die in den Körper des Klienten eindringt und jene Bereiche bearbeitet, die Hilfe brauchen. Möglicherweise haben die Klienten auch das Gefühl, aus Ihren Händen kämen Schwingungen. All dies ist völlig normal und wird mit dem Ende der Behandlung aufhören.

Die Klienten könnten auch den Eindruck haben, daß sich Fleischklumpen oder Knoten bewegen oder auflösen und in den Blutstrom eingehen. Dies muß nicht sofort passieren − es könnte einige Sitzungen dauern, aber auch dies ist eine Folge der sich im Körper ausbreitenden Entspannung und Ruhe.

Kitzeln

Die Bandbreite reicht von einem leichten Kitzeln bis zum Gefühl eines elektrischen Schlages, wobei nur ein Körperteil oder der ganze Körper betroffen sein kann. Verstopfungen werden aufgelöst und die Energie bewegt sich wieder, und es werden im Körper Kanäle geöffnet, die zuvor blockiert waren. Wenn sich die Energie bewegt, kann sie sich auf diese Weise bemerkbar machen.

Ziehen

Das Gefühl, die Muskeln oder Organe würden sanft in eine neue Stellung gezogen, ist ein Hinweis darauf, daß die kanalisierte Energie eine neue Balance herstellt.

Schmerzen

Wenn die Energie in verkrampfte Körperteile zurückströmt, kann der Klient Schmerzen empfinden. Allgemein dauert dies nicht länger als höchstens 48 Stunden, und es ist zu empfehlen, in dieser Zeit im Bett zu bleiben oder zu ruhen. Dieser Effekt tritt meist auf, wenn der betreffende Bereich eine Weile »tot« oder taub war.

Wenn also zum Beispiel eine verschobene Bandscheibe an ihren Platz zurückgleitet, muß sich die Wirbelsäule, die sich an das Krankheitsmuster gewöhnt hat, neu ausrichten. Der Bereich kann eine Weile sehr empfindlich sein, bis das gesündere Muster etabliert ist.

Visualisation

Alle Arten von Bildern, Visualisationen oder »mystischen« Erfahrungen können im Bewußtsein auftauchen (ganz ähnlich den Erfahrungen des Heilers). Diese Visualisationen sind völlig spontan und oft sehr schön.

Sie können sich manifestieren als Klarheit, Licht oder eine Vision, als ein Bewußtseinswandel oder ein neues Lebensziel. Es ist erhebend und belebend, wenn neue Aspekte des eigenen Seins offenbar werden, und die Klienten können vor Freude weinen oder lachen.

Ein weiterer Aspekt der Visualisation besteht darin, daß der Klient sich bewußt vorstellt, wie kranke oder schmerzende Bereiche in seinem Körper sich erholen. Dies ist besonders bei Lähmungen sehr hilfreich. Der Klient kann »sehen«, wie es dem unbenutzten Teil seines Körpers besser geht, wie er sich wieder bewegt und Kraft gewinnt.

Der Klient kann auch mit seinem Körper sprechen und ihn mit Worten ermuntern; die Botschaft wird vom Gehirn aufgenommen und vom Nervensystem in das betroffene Gebiet übertragen. So kann der Klient Sorgen, Ängste und Verwirrung dämpfen und die Liebe zu sich selbst entwickeln. Es ist eine Veränderung in der Haltung.

Loslassen

Wenn die inneren Ursachen der Schwierigkeiten behoben werden, kann auch das emotionale oder psychologische Trauma aufgelöst werden. Das ist nicht ungewöhnlich, und die Bandbreite schwankt zwischen dem Loslassen bewußter Schwierigkeiten und einer Befreiung von viel tieferen Erfahrungen. Lange zurückgehaltene und unterdrückte Erinnerungen tauchen auf und können losgelassen werden. Diese Erinnerungen sind mitunter unangenehm, doch gerade aus diesem Grund tauchen sie auf. Auch hierbei können Visionen, Geräusche oder Gerüche aus der Vergangenheit erinnert werden; Beziehungen zu Eltern oder Geschwistern können in einem neuen Licht erscheinen; Schmerzen, Schuldgefühle, Spannungen oder Ängste können neu durchlebt werden, und in diesem Wiedererleben steckt die Befreiung, das Loslassen.

Oft muß es zu dieser Art der Befreiung kommen, bevor ein körperlicher Fortschritt erzielt werden kann. Das Trauma hat das körperliche Problem nicht nur entstehen lassen, sondern auch zu einem chronischen Zustand gemacht. Sobald die persönliche Befreiung eingetreten ist, breitet sich die so entstandene Freiheit auch auf den Körper aus.

Wenn Ihre Klienten Unterstützung brauchen, können Sie ihnen sagen, daß dieses Loslassen ein wundervoller Teil des Heilungsprozesses ist, da es uns die Freiheit schenkt, in einen neuen Bereich des Seins weiterzuschreiten. Ohne diese Befreiung bleibt das Trauma bestehen und verursacht weiteren Streß und weitere Krankheiten.

Nach einer Behandlung können auch Gefühle von Trauer oder sogar Depression aufkommen. Sagen Sie Ihren Klienten, daß dies geschehen kann.

Der Grund ist, daß die Befreiung tief verwurzelter Erinnerungen, Gedanken und Gefühle weiterläuft, obwohl der Klient dies vielleicht nicht bewußt erlebt.

Die Befreiung ist äußerst wichtig. Jahre voller geheimer Schuldgefühle können zum Beispiel zu unzähligen Problemen führen, besonders im Magen oder im oberen Rückenbereich, etwa zu Schmerzen in den Schultern. Das Loslassen dieser

Schuld ist, als würde der Klient eine schwere Last abwerfen, die ihm so vertraut geworden ist, daß er sie möglicherweise nicht mehr bemerkte.

Wie schon ausgeführt, sollten Sie, was auch immer geschieht, einfach Ihre Klienten auf die Weise unterstützen, die Sie für richtig halten. Vertrauen Sie der Arbeit. Versuchen Sie sich nicht als Ratgeber. Sie sind, was Sie sind. Das Loslassen ist ein wesentlicher Bestandteil des Heilungsprozesses. Natürlich geschieht dies nicht bei allen Klienten; und bei manchen geschieht es erst, wenn sie wieder allein zu Hause sind.

Die Integration dieser Erfahrungen kommt ganz von selbst, genau wie die Befreiung. Nach dem Erlebnis können die Klienten in neue Bereiche weiterschreiten.

Doch die Integration hängt in gewisser Weise davon ab, wie ein Klient sein weiteres Leben gestaltet. Wenn er nach der Behandlung unbewußt weiterlebt, nicht auf seine Ernährung achtet, sich nicht entspannt und sich nicht die Zeit nimmt, nach innen zu blicken, dann ist es möglich, daß Traumata und Krankheiten zurückkehren.

Man muß nicht von einem Heilpraktiker abhängig sein, um gesund zu bleiben. Die Klienten müssen die Verantwortung für Ihre Gesundheit selbst übernehmen. Entspannung und Meditation sind nicht nur für den Heiler gedacht, sondern auch für die Klienten.

Medizinische Nachsorge

Wenn Klienten nach einer Behandlung den Wunsch haben, sich röntgen zu lassen, sollten Sie ihnen raten, etwa ein oder zwei Wochen zu warten. Die Integration braucht eine gewisse Zeit. Wenn der Patient sich schon 24 Stunden nach der Behandlung röntgen läßt, ist wahrscheinlich gar nichts zu sehen. Der Körper braucht Zeit, um die Energie zu integrieren und die Veränderungen vorzunehmen.

Dies gilt genauso für andere medizinische Untersuchungen oder Tests, die angebracht scheinen. Wenn sie zu früh durchgeführt werden und negativ verlaufen, fühlt sich der Klient möglicherweise hintergangen und glaubt, es sei überhaupt nichts geschehen. Die Integration braucht ihre Zeit.

Die Wahl des Heilers

Es ist wichtig, daß der Heiler in Umgang und Behandlung seiner Klienten aufrichtig ist, doch genau so wichtig ist es, daß der Klient in bezug auf seine Gefühle aufrichtig ist.
Wenn ein Klient zu einem Heiler kommt, muß er den Wunsch haben, wirklich mit diesem Menschen zu arbeiten, denn sonst entwickelt er Widerstände gegen das Empfangen der Energie.
Der Heiler sollte einen positiven, gesunden, disziplinierten und friedlichen Eindruck machen – und dazu ist innere Ruhe nötig.
Wie oft fühlen wir uns klein und unsicher, wenn wir einen Arzt aufsuchen; es gibt im Sprechzimmer keine Entspannung, und wir haben vielleicht auch das Gefühl, daß wir keine Entscheidungsmöglichkeit haben.
Bei unserer Arbeit ist das Vertrauen des Klienten in den Heilpraktiker notwendig – ohne Vertrauen kann es keine Entspannung und keine Befreiung von Streß geben, und der Klient wird genau so verstört wieder gehen, wie er gekommen ist.
Und es gibt die Möglichkeit, sich zu entscheiden. Die Entscheidung für einen Heilpraktiker ist ein Ausdruck des Wunsches, sich zu verändern. Das bedeutet, Verantwortung zu übernehmen; es ist die Entscheidung für einen Menschen, mit dem man die Veränderung gemeinsam durchleben will.

VII. Kapitel

Weitere Schritte

Während wir unser Verständnis für den Heilungsprozeß vertiefen und entwickeln, wird offensichtlich, daß dabei weit mehr im Spiel ist, als wir je begreifen werden. Ein Mensch ist ein komplexes Gebilde aus Gedanken, Gefühlen, Antrieben, Instinkten, Impulsen, Erinnerungen, Gewebe, Organen, Knochen, Blut, Chemikalien, Zellen, Hormonen, Fleisch und Atem, und alles wird von unsichtbaren Elementen, von Energie und Geist, durchdrungen.

Wir können nicht hoffen, dieses wundervolle Wesen in seiner Gänze zu verstehen, doch das ist auch nicht nötig. Dieses Wesen versteht sich selbst recht gut und sogar viel besser ohne Störung durch uns. Wenn wir in das natürliche Funktionieren dieses Wesen eingreifen, indem wir ihm ungesunde oder belastende Verhaltensmuster aufzwingen, erzeugen wir ein Ungleichgewicht, und der normalerweise mühelos funktionierende Mechanismus beginnt zusammenzubrechen.

Ein tieferes Verständnis für Energiemuster und Manifestationen des Ungleichgewichts kann uns in die Lage versetzen, unsere Gesundheit besser zu erhalten. Wenn wir etwas über den Heilungsprozeß lernen, kann es deshalb sehr nützlich sein, die verschiedenen Arten von Heiltherapien zu untersuchen, die im Augenblick greifbar sind, und einzuschätzen, wie sie funktionieren.

Es spielt für die in diesem Buch beschriebene Arbeit keine große Rolle, doch könnte es die Grundlage erweitern, auf der wir stehen und unser Verständnis dafür vertiefen, was es bedeutet, ein Mensch zu sein.

Es gilt, das Leben zu entdecken. Wir Menschen benutzen nur etwa 10 Prozent unserer Gehirnkapazität. In uns warten weite, noch unerforschte Bereiche auf ihre Entdeckung. Mit anderen Worten sind wir zu erheblich mehr fähig, als wir meist vermuten.

Wir können tiefer eintauchen und diese unbekannten Reiche erforschen, und jede neue Lernerfahrung wird uns offener für die Wunder des Menschen machen, für die außergewöhnlichen Kräfte, die wir besitzen und für die großen Potentiale jedes einzelnen Menschen.

Viel davon wird klarer, wenn wir meditieren und unseren Geist konzentrieren, oder wenn wir in eine tiefe Entspannung gehen und den inneren Monolog einstellen. In diesem Zustand können wir das Bedürfnis loslassen, immer eingreifen zu müssen, und uns der Stille hingeben.

Wenn wir in diese Richtung weiterforschen, wird bald klar, daß wir unsere Hindernisse selbst erschaffen; da wir alles mit einer subjektiven Haltung betrachten und uns für den Mittelpunkt der Welt halten, hindern wir uns selbst an weiterem Wachstum.

Doch Selbstlosigkeit ist kein Akt der Negation – wir müssen nicht unser Ich überwinden oder es verleugnen oder es irgendwie loswerden. Vielmehr geht es darum, einen Punkt zu erreichen, an dem die Forderungen und Verwicklungen des Ich einfach überflüssig werden, so daß wir sie hinter uns lassen können. Es ist ein Prozeß, der in uns selbst stattfindet, während wir uns von Individualismus zu Mitgefühl bewegen, von Arroganz zu Demut, von Ignoranz zum Verstehen. Wir lassen unsere eigenen Bedürfnisse aus dem Spiel, da wir uns dem Göttlichen nähern.

Wir müssen nichts Bestimmtes tun, um dies zu erreichen. Wenn wir etwas tun, ist unser Handeln eher ein Hinweis auf eine Unzufriedenheit mit unseren augenblicklichen Lebensumständen und auf einen Mangel an Vertrauen in den Prozeß.

Der Versuch, etwas zu tun, bedeutet, es nicht zu tun. Es nicht zu versuchen, ist ein Zustand des völligen Da-seins im Augenblick. Es ist ein Abstreifen des Überflüssigen, der Spiele, der Ego-Trips, des Bedürfnisses nach Bestätigung oder Belohnung. Es ist ein Zustand geistiger Gesundheit. Wir sind hier und jetzt, was wir sind, ohne irgendwelche Vorurteile über uns selbst.

Religion oder philosophische Gedankensysteme können uns bei dieser Entwicklung helfen, denn sie fordern uns auf, tiefer in uns selbst zu blicken.

Auf der höchsten Ebene hat der Mensch die Aufgabe, die Einheit mit dem Göttlichen zu erreichen, in welcher das persönliche Selbst oder das Ich keine Rolle mehr spielen. Religionen und Philosophien bieten uns verschiedene Leitlinien oder Wegbeschreibungen zu diesem Zustand an, und alle sind gültig. Aber es gibt keinen Weg, der für alle Menschen richtig und der in seinen Erklärungen vollständig wäre, denn Worte können das Unerklärliche niemals beschreiben.

Viele Wege führen auf den Gipfel des Berges. Viele Wege führen ans Ziel, aber es gibt keinen Pfad, der für alle der einzig richtige ist. Jeder muß seinen eigenen Weg finden. Es gibt Hinweisschilder, die uns die richtige Richtung weisen, doch wir selbst müssen über Felsen klettern, uns durch den Dschungel kämpften oder Abgründe überbrücken. Die verschiedenen Wegbeschreibungen zu erforschen bedeutet, unser Terrain kennenzulernen. Wir bekommen einige Warnungen vor Fallgruben, die vor uns liegen, wir bekommen Hilfe, wenn wir in Schwierigkeiten geraten, und wir werden sanft auf unseren Kurs zurückgelenkt, wenn wir die Orientierung verlieren. Verstehen, was unser Berg ist und woraus er besteht, die Wegbeschreibungen jener lesen, die diesen Weg vor uns beschritten haben, lernen, die Zeichen am Weg zu lesen, all dies hilft uns, unsere Reise etwas angenehmer zu gestalten.

Kein anderer Mensch kann dies für uns tun; nur wir selbst können unsere selbstsüchtigen Wünsche, unsere Verwirrung oder unsere Hoffnungslosigkeit bewältigen. Manche Menschen glauben, wir würden durch irgendeine gewaltige äußere Erfahrung verändert, die unser Bewußtsein transformiert, und wir sollten deshalb Jahre um Jahre diesem Erlebnis hinterherjagen.

Doch der einzige Weg, das Unsichtbare und das Unbekannte wirklich zu entdecken, führt über die Disziplin von Meditation und Kontemplation. Nur hier können wir uns von dem befreien, was uns zurückhält. Der Berg, der bestiegen werden muß, steht in uns selbst.

Das ist gewiß keine geradlinige und auch keine leichte Reise. Oft tappen wir im dunkeln, ermutigt nur vom Glauben, daß wir unser Ziel erreichen werden, daß die Integration stattfindet, selbst wenn wir im Augenblick nur Desintegration sehen. Blind zu sein erfordert völliges Vertrauen in die Lebenskraft, die das tut, was richtig für uns ist.[8]

Es gibt heute viele neue Systeme und Wege und eine gleichgroße Anzahl von Meistern, die für diese Wege werben. Es kann sehr verwirrend sein, wenn man herauszufinden versucht, wem man trauen kann und wer recht hat oder sich irrt.

Buddha gab einen sehr nützlichen Rat, als er seinen Mönchen sagte, sie sollten keines seiner Worte für gegeben nehmen, solange sie es nicht selbst erlebt hatten. Wenn es für sie eine lebendige Realität geworden war, dann konnten sie selbst erkennen, was die Wahrheit war und was nicht, und brauchten sich nicht mehr auf seine Worte zu verlassen.

Gerade hier ist es wichtig, unserer Intuition zu vertrauen. Wenn wir an irgendeiner Methode oder einem Lehrer Zweifel haben, sollten wir Fragen stellen und forschen, bis wir Klarheit gewinnen.

Eine sichere Leitlinie ist es, Wegen zu folgen, bei denen es eine Tradition oder eine Abstammungslinie gibt (das heißt, daß die Lehre vom Meister zum Schüler weitergegeben wurde), denn dann wissen wir, daß die Methode viele Male überprüft wurde. Wir können dann darauf vertrauen, daß sie sicher und wirkungsvoll ist.

Wenn es keine Geschichte gibt, wenn die Methoden, die gelehrt werden, erst vor kurzem entwickelt wurden, gibt es keine solchen Sicherheiten, und wir können nicht wissen, wo auf lange Sicht die Wohltaten oder die Risiken liegen.

Wir können auch selbst fragen, ob gewisse Grundqualitäten entwickelt werden, etwa Demut, Bescheidenheit, oder bedingungslose Liebe, oder ob es eher um die Entwicklung selbstzentrierter Qualitäten geht, etwa um persönliche Macht, Herrschaft über andere oder den Erwerb von Reichtum.

Fördert die Methode den Dienst am Nächsten oder fördert sie die Ausbeutung anderer? Das Ich läßt sich leicht täuschen, und statt über unser Ich hinauszugehen, könnten wir immer tiefer in ihm gefangen werden.

Aus den philosophischen Traditionen der Vergangenheit, die sich aus jahrtausendelanger Erfahrung entwickelt haben, ist ein äußerst umfassendes Verständnis des Menschen hervorgegangen. Wir wissen, wie die Beziehung zwischen Bewußtsein und Körper aussieht und wie dieses Wissen integriert werden muß.

Das Heilen durch Berührung ist ein Teil dieser Tradition, denn es beruht auf Liebe und Demut. Wir finden Berichte darüber nicht nur im Christentum, sondern auch in vielen östlichen Religionen.

Ein gesunder Geist ist wichtig für spirituelle Fortschritte, und ein gesunder Körper und ein gesunder Geist hängen untrennbar miteinander zusammen. Es gibt viele verschiedene Heiltechniken (Akupunktur, Akupressur, Reflexzonenmassage); es gibt Ernährungsrichtlinien (Makrobiotik, Kräuterkunde); es gibt Körperübungen (Hatha Yoga, Tai Chi); es gibt Atemtechniken, Farbtherapie, Entspannungsübungen, Reinigungstechniken; und es gibt detaillierte Lehren über die Energiezentren (Chakren). All dies zu erforschen erfordert mehr Zeit, als wir hier zur Verfügung haben, doch ein Verständnis der Grundzüge kann sehr nützlich sein.

Die Chakras

In unserem Körper gibt es sieben wichtige Energiezentren, die Chakras genannt werden. Sie liegen in der Nähe der Drüsen des endokrinen Systems und wichtiger Nervengeflechte und haben an verschiedenen Stellen Verbindungen zur Wirbelsäule. In alten Schriften werden sie als die sieben Siegel oder die sieben heiligen Drüsen bezeichnet.

Das Wort Chakra stammt aus der Hindutradition und bedeutet wörtlich »Feuerrad«. Im Yoga wurden bestimmte Methoden entwickelt (etwa die Asanas und Atemtechniken), um diese Chakras zu stimulieren. Sie werden oft als offene Lotusblüten visualisiert.

Das erste Chakra, das »Mooladhara«, bedeutet übersetzt »die Wurzel«. Es ist mit dem Steißbein verbunden und liegt auf dem Damm. Es ist mit unserem Potential als menschliche Wesen verbunden, mit dem Überlebenswillen und den primitiveren oder instinktiveren Aspekten unserer Natur.

Das zweite Chakra, das »Swadahisthana«, bedeutet »unser Wohnsitz«. Es ist im ersten Lendenwirbel in der Wirbelsäule verankert und mit Milz und Bauchspeicheldrüse verbunden. Es hat mit dem Unbewußten zu tun, mit sexuellen Bedürfnissen und existentiellen Grundbeziehungen.

Das dritte Chakra, das »Manipura«, bedeutet »die Stadt der Juwelen«. Es ist im achten Brustwirbel verankert und mit dem Solarplexus und den Nebennieren verbunden. Es hat zu tun mit Macht, selbstzentrierten Emotionen und Selbstidentifikation.

Das vierte Chakra, das »Anahata«, was wörtlich übersetzt »unbesiegt« bedeutet, wird oft auch als Herzchakra bezeichnet. Es ist im ersten Brustwirbel in der Nähe der Thymusdrüse verankert. Es hat zu tun mit Mitgefühl, Liebe und Zuneigung.

Das fünfte Chakra, »Vishuddhi«, bedeutet »Reinigen«. Es liegt in der Kehlgrube und ist in Höhe der Schilddrüse mit der Halswirbelsäule verbunden. Es hat zu tun mit Kommunikation, Ausdruck und höheren Gedankenprozessen.

Das sechste Chakra, das »Ajna«, wird als drittes Auge bezeichnet. Es liegt zwischen den Augenbrauen und ist mit dem Atlas und der Hypophyse verbunden. Es hat mit Selbstbewußtheit auf einer höheren Ebene zu tun, mit inneren Visionen, mit Glück, Freude und der Kraft der Gedanken.

Das siebte Chakra, das »Sahasrara« ist mehr als nur ein Chakra. Es ist die Krone auf dem Kopf, und es ist mit der Zirbeldrüse verbunden. Es symbolisiert den Sitz der Selbsterkenntnis, das höchste Bewußtsein oder die Erleuchtung.

Die Chakras hängen mit körperlichen, emotionalen, geistigen und spirituellen Aspekten unseres Seins zusammen und knüpfen eine direkte Verbindung zwischen Bewußtsein und Körper. Bei den meisten Menschen bleiben sie geschlossen oder funktionieren nur minimal. Wenn wir unser Bewußtsein entwickeln, öffnen sie sich und versetzen uns so in die Lage, höhere Bewußtseinsebenen zu erreichen.

Unsere Entwicklung folgt den Chakras von unten nach oben. Die meisten Menschen handeln aus dem zweiten Chakra, wo es um die Befriedigung von Bedürfnissen geht. Politische Führer handeln aus dem dritten Chakra, denn sie bringen ihren Machttrieb zum Ausdruck. Weise und fortgeschrittene Lehrer sehen die Welt durch das vierte Chakra, durch das Chakra der Liebe und des Mitgefühls. Wenn wir unser Bewußtsein entwikkeln, vertieft sich auch unser Verständnis. Von einer niederen Ebene aus ist es schwierig, die höheren Ebenen zu verstehen; doch wenn wir uns den höheren Ebenen öffnen, sehen wir nicht nur die niedrigeren Ebenen klarer, die nach wie vor ein Teil von uns sind, sondern unser Erleben wird auch tiefer und umfassender. Deshalb kann ein spiritueller Lehrer, dessen höhere Chakras geöffnet sind, die unter uns anleiten, bei denen es noch nicht geschehen ist.

Jedes Chakra ist eng mit einer Drüse des endokrinen Systems verbunden. Dieses System steuert alle Funktionen unseres Seins, darunter auch Wachstum und Gesundheit. Funktionsstörungen dieser Drüsen haben großen Einfluß auf unsere Einstellung zum Leben und besonders auf unsere Stimmungen, unser Verhalten und unsere Fähigkeit, Schwierigkeiten zu bewältigen. Wir können deprimiert, wütend, ängstlich oder pessimistisch sein; oder glücklich, friedlich, zuversichtlich und optimistisch – je nach ihrem Zustand. Die Drüsen stehen mit dem Gehirn in Verbindung und steuern auf diesem Weg die emotionalen, geistigen und spirituellen Aspekte unseres Daseins. Auf diese Weise wirken die Chakras wie Leiterbahnen, die verschiedene Körperteile mit den entsprechenden emotionalen oder geistigen Zuständen verbinden. Dies ist ein Beispiel für eine sehr direkte Verbindung zwischen Geist und Körper.

Farben

Jedes Chakra ist mit einer bestimmten Farbe verbunden, und diesen Farbstrahlen entsprechen bestimmte Krankheiten. Die Farbstrahlen und die zugehörigen Chakras sind:
Rot: Mooladhara
Orange: Swadahisthana
Gelb: Manipura
Grün: Anahata

Hellblau: Vishuddhi
Indigo: Ajna
Violett: Sahasrara
In den alten Zivilisationen Chinas, Ägyptens, Griechenlands und Indiens war die Anwendung von Farben zur Therapie bekannt. Dabei sitzt oder liegt der Klient still, umhüllt von der jeweils erforderlichen Farbe, oder er wird in einen speziellen Raum gebracht, in dem farbige Edelsteine liegen, die seine Energien ausgleichen und ihm die Gesundheit zurückgeben können. Ein Heiler, der die Hände über einen erkrankten Bereich hält, kann sich vorstellen, daß die entsprechende Farbe durch seine Hände in den Körper strömt.

Meridiane

Aus dem alten China kennen wir eine detaillierte Beschreibung der Meridiane; das sind Energiebahnen, die durch den ganzen Körper laufen und unmittelbar unsere Gesundheit beeinflussen. Wenn es irgendwo in diesen Bahnen eine Blockade gibt, kann die Energie nicht mehr frei zum entsprechenden Körperteil fließen, so daß eine Krankheit entsteht.
In der Akupunktur werden sehr dünne Nadeln gesetzt, bei der Akupressur wird mit einem Zeigefinger oder Daumen Druck ausgeübt, um gewisse Punkte auf diesen Meridianen zu stimmulieren. Der Impuls, der dadurch entsteht, läuft zum Gehirn und von dort aus zum betroffenen Organ zurück, die Blockade wird aufgelöst und die Energie kann wieder frei fließen.
Die Chinesen haben sehr umfangreiche Diagramme der Meridiane entwickelt, und sie besitzen ein gutes Verständnis über die Natur von Krankheiten. Gesundheitliche Störungen wurden entsprechend der Elemente unterschieden: Erde, Luft, Feuer, Wasser und Metall. Akupunktur und Akupressur können äußerst wirkungsvoll sein, und ein Verständnis der Meridiane hilft uns, unser Wissen über die energetischen Manifestationen im physischen Körper zu vertiefen.
Eng verbunden mit diesen Methoden ist auch die Reflexzonenmassage, die ebenfalls aus China stammt. Sie geht davon

aus, daß die Meridiane in Füßen und Händen auslaufen und dort »Reflexpunkte« bilden, die mit den verschiedenen Körperteilen in Verbindung stehen. Der linke Fuß oder die linke Hand entspricht der linken, der rechte Fuß der rechten Körperseite, die Wirbelsäule läuft über die Innenseite der Füße. Die Zehen entsprechen dem Kopf, der Spann dem Verdauungstrakt usw. Durch eine entsprechende Massage der Reflexpunkte kann die Energie in den zugehörigen Körperteilen freigesetzt werden. Wenn der Klient erkrankt ist, kann damit das Gleichgewicht wieder hergestellt werden. Aus der Reflexzonenmassage hat sich die Metamorphische Technik entwickelt, die ihre Wurzeln ebenfalls im alten China hat. Sie geht davon aus, daß die Wirbelsäulenreflexe (in Füßen, Händen, auf dem Kopf und in der Wirbelsäule selbst) nicht nur mit dem physischen Körper zu tun haben, sondern auch mit der Schwangerschaft von der Empfängnis bis zur Geburt.

Durch eine leichte Manipulation dieser Bereiche kann während der Schwangerschaft blockierte Energie befreit werden, und genau das ist unser Thema. Es geht nicht um Symptome, und der Klient kann die freigesetzte Energie so integrieren, wie er selbst es für richtig hält.

Wie beim Channelling hält sich auch hier der Heiler völlig heraus; er ist nur ein Katalysator für die Veränderungen. Wenn der Heiler sich auf diese Weise distanziert, erfährt der Klient in seiner Entwicklung keinerlei Beschränkungen. Die Arbeit wird durch die Lebenskraft selbst getan – eine Kraft, die zu immer größerer Erfüllung strebt.

Das Leben ist ein Faktor, der alles durchdringt und doch außerhalb unserer Welt existiert. Es wirkt als Kraft in der Materie, und diese Kraft nennen wir Lebenskraft. Leben ist Schöpfung, und aus der Schöpfung entsteht Bewegung. Bewegung ist Veränderung, und es ist die Lebenskraft, die diese Veränderung in vielen verschiedenen Zyklen der Existenz aufrecht erhält... Die Metamorphische Technik geht davon aus, daß das Urprinzip jenseits dieser Lebenskraft, die Grundlage, auf welcher die Heiler arbeiten, nichts weiter als das Leben selbst ist.[9]

Ernährung

Die Nahrung liefert unserem Körper die Nährstoffe, die wir für unser Wachstum brauchen. Wenn der Körper diese Nährstoffe nicht erhält, kann er krank werden. Es ist ganz einfach. Und doch nehmen wir jeden Tag riesige Mengen schädlicher Produkte zu uns, die nur wenig Nährstoffe enthalten und die wir dennoch als Lebensmittel bezeichnen. Eine einfache, gesunde Ernährung ist von überragender Bedeutung.

Die Natur hat uns in ihrer Großzügigkeit eine ungeheure Vielfalt an Lebensmitteln geschenkt, die uns in ihrem Urzustand genau das geben, was wir brauchen, um unsere Gesundheit aufrecht zu erhalten. Doch je weiter wir uns von der Natur entfernen, desto mehr glauben wir, nur die Lebensmittel seien gut, die behandelt wurden, bis sie ihre ursprüngliche Form und ihren ursprünglichen Nährwert völlig verloren haben.

Der Mensch ist schon ein seltsames Wesen, denn aus irgendeinem Grund bezeichnet er diese Trennung von der Natur als Fortschritt. Die Folge ist, daß den meisten Menschen wichtige Nährstoffe fehlen und daß sie sich mit schädlichen Ersatzstoffen vollstopfen. So essen wir zum Beispiel Hamburger und nehmen Vitmin- und Mineralpillen, in der Hoffnung, so könnte ein Gleichgewicht entstehen. Wenn wir unsere Ernährung vereinfachen und so essen, wie die Natur es vorsieht, würde dies alles nicht geschehen, und unsere Gesundheit würde sich merklich verbessern.

Die Natur liefert uns Getreide, Hülsenfrüchte, Gemüse und außerdem eine Vielfalt von Naturarzneien. Die heilsame Wirkung von Kräutern bei praktisch allen bekannten Krankheiten ist schon seit Jahrtausenden bekannt. Dies ist nichts Neues, aber anscheinend stehen die Menschen allem mißtrauisch gegenüber, was nicht von ihnen selbst hergestellt wurde. Kräuter brauchen für ihre Wirkung mitunter längere Zeit als die chemischen Ersatzstoffe, die in der Schulmedizin verwendet werden, und dies hat Menschen enttäuscht, die sofort Ergebnisse sehen wollten. Doch Kräuter haben so gut wie keine schädlichen Nebenwirkungen und sind deshalb im allgemeinen die besseren Arzneien. Kräuter und Blumen (wie die Bachblüten) werden benutzt, um den ganzen Menschen und nicht nur die offensichtlichen Symptome zu behandeln.

Die Naturopathie konzentriert sich auf die Ernährungsgewohnheiten und die Anwendung von Kräutern und fordert die Patienten auf, sich mit ihrem instinktiven, ursprünglichen Verständnis des Lebens wieder in Verbindung zu bringen. Sie schließt Massage, Körper- und Atemübungen, Homöopathie, Ernährungsberatung und Kräuterkunde ein und »den Gebrauch und die Anwendung aller natürlichen Mittel und Kräfte, die helfen mögen, nicht nur eine bessere Gesundheit zu erhalten, sondern aus einem Zustand der Krankheit zu dieser zurückzukehren.«[10]

Therapie

Wie bereits erwähnt, stammen viele unserer Schwierigkeiten nicht unbedingt aus jüngeren Erfahrungen, sondern aus Streß, der sich über viele Jahre angesammelt hat. Diese Schwierigkeiten können die Form bestimmter Gedankenmuster oder Konditionierungen annehmen, die schon in der Kindheit geprägt wurden und eine Struktur erzeugt haben, die unser Leben steuert und uns damit Spontanität oder wirkliche Entwicklungsmöglichkeiten nimmt. Ein schmerzhafter Schock in der Kindheit kann uns veranlaßt haben, einen emotionalen Panzer um uns aufzubauen, der uns vor weiteren Verletzungen schützt, der uns aber zugleich daran hindert, unsere Gefühle in ihrem ganzen Ausmaß zu erleben oder auszudrücken.

In jedem Menschen gibt es tiefe, oft verleugnete Winkel voller Schuld und Unsicherheit, die sich in den verschiedenen Situationen und Beziehungen in unserem Leben manifestieren und Krankheiten verursachen. Wir neigen dazu, unsere dunkle Seite zu verleugnen und unter den Teppich zu kehren, und wir konzentrieren uns nur zu gern auf das Angenehme, Gute oder sozial Akzeptable in uns.

Wenn wir den Prozeß der Selbstentdeckung beginnen, könnten wir das Gefühl bekommen, eine bisher gut versteckte Büchse der Pandora zu öffnen, die viele dunkle Gestalten birgt. Es ist verzeihlich, wenn wir uns dann zu fragen beginnen, ob es klug war, diese Reise überhaupt zu beginnen. Denn um bedingungslose Liebe zu entwickeln, müssen wir möglicherweise eingestehen, daß wir tief in unserem Inneren der Liebe nicht trauen; um Demut und Bescheidenheit zu entwickeln, müssen wir uns vielleicht zuerst mit unseren versteckten Bedürfnissen und unseren unerfüllten Sehnsüchten befassen. Es wäre jedoch unaufrichtig und würde die bereits bestehende Krankheit verstärken, wenn wir die Existenz solcher Gefühle leugneten.

Meditation und spirituelle Anleitung bieten den besten Weg, mit diesen Gefühlen umzugehen, doch oft kann auch Counselling oder eine Therapie dabei helfen, mit dem, was wir finden, zurechtzukommen und uns so zu akzeptieren und zu lieben, wie wir sind. Wir alle brauchen auf diesem Weg zu verschiedenen Zeiten Hilfe, und zwar ganz besonders von jenen, die ihn vor uns gegangen sind.

Meiner Ansicht nach ist Therapie eine Reise nach innen, eine Selbstfindung. Es ist keine kurze und einfache Reise, und sie ist auch nicht frei von Schmerzen und Entbehrungen. Es gibt Gefahren und Risiken, doch das Leben selbst ist nicht frei von Risiken, da es ebenfalls eine Reise in die unbekannte Zukunft ist. Die Therapie führt uns in eine vergessene Vergangenheit zurück, und diese Vergangenheit war nicht sicher und harmonisch, denn sonst hätten wir aus ihr keine Verletzungen davongetragen und uns keinen Panzer zur Selbstverteidigung geschmiedet. Es ist eine Reise, die man nicht allein antreten sollte; allerdings mag es einige tapfere Menschen gegeben haben, die dies ohne Hilfe getan haben. Ein Therapeut ist eine Art Führer oder Navigator. Er ist ausgebildet, die Gefahren zu erkennen, und er weiß mit ihnen umzugehen; und er ist ein guter Freund, der Unterstützung und Ermutigung spendet, wenn es schwer wird.[11]

Es gibt unzählige therapeutische Techniken, und wir empfehlen jedem, gründlich zu prüfen, welche für ihn die beste ist. Das entscheidende Kriterium ist unser Ziel – Energie soll frei durch unser physisches, geistiges, emotionales und spirituelles Sein fließen, damit wir ein geeintes Ganzes werden. Der Weg zu diesem Ziel kann für jeden Menschen anders aussehen.

120

Heilen durch Berührung kann die Büchse der Pandora für uns öffnen, wenn wir den inneren Streß und die Muster, die ihn gebildet haben, loszulassen beginnen. Bisweilen kann es deshalb nötig sein, sich durch Counselling oder eine Therapie helfen zu lassen, damit wir besser damit umgehen können. Wir könnten auch feststellen, daß unsere Meditationsübungen und die leitende Hand eines wirklichen Meisters alles sind, was wir brauchen, um unsere inneren Konflikte zu lösen und in eine hellere Welt überzuwechseln.

VIII. Kapitel

Nützliche Übungen

In diesem Kapitel geht es um Entspannungs-, Meditations- und Visualisationstechniken, mit deren Hilfe ein tieferer Kontakt und eine bessere Beziehung zum inneren Frieden, also zu unserer eigenen Göttlichkeit, aufgebaut werden kann. Dies ist sehr wesentlich für wirkliches Channelling und die Arbeit als Heiler.

Wir können nicht einfach von unserer normalen, chaotischen und verwirrenden Welt in die eines Heilpraktikers überwechseln, ohne zuvor unseren Geist zu beruhigen. Es ist alles andere als einfach, sich dem Göttlichen hinzugeben, denn dies bedeutet, zunächst zu betrachten, was *nicht* göttlich ist. Die folgenden Übungen sind Werkzeuge, mit denen wir unser Inneres erforschen können. Bei ihrer Anwendung durchdringt eine umfassende Stille unser ganzes Sein. Kanalisierte Energie ist ein natürlicher Ausdruck eines ruhigen, stillen Bewußtseins.

Entspannung

Wenn Sie die Entspannung lernen, fällt es Ihnen vielleicht am Anfang schwer, über einen Zeitraum von zwanzig oder dreißig Minuten völlig still zu sein, doch wenn Sie sich beständig bemühen, wird es mit der Zeit leichter. Zur Übung der Entspannung sollten sie sich zunächst einen Zeitpunkt und einen Ort suchen, an dem Sie nicht gestört werden. Sorgen Sie dafür, daß es warm genug ist, denn wenn Sie sich entspannen und Ihr Körper ruhiger wird, könnte es etwas kühl werden. Decken Sie sich deshalb zu. Tragen Sie lockere, bequeme Kleidung und vermeiden Sie enge Gürtel, elastische Stoffe oder Schmuck. Legen Sie sich auf eine Matte oder setzen Sie sich aufrecht in einen hochlehnigen Stuhl. Im Liegen kann man sich besser entspannen, doch legen Sie sich nicht aufs Bett, weil Sie dort leicht einschlafen könnten. Wenn Sie sich für einen Stuhl entscheiden, sollte es aus dem gleichen Grund kein weicher Stuhl sein (Schläfrigkeit); außerdem neigt in einem weichen Stuhl die Wirbelsäule zum Einknicken. Es ist wichtig, daß Ihre Wirbelsäule gestreckt ist, denn das ist ihre natürliche Position (entweder vertikal oder horizontal). Wenn sie wirklich gerade ist, sind Brust und Lungen offen, und die Muskeln in Ihrem Rücken brauchen nicht zu arbeiten, so daß auch sie sich entspannen können.

Wenn Sie sich in Ihrer Position wohlfühlen, sollten Sie mit einigen tiefen Atemzügen beginnen. Die meisten Menschen atmen unbewußt und benutzen dazu nur den oberen Brustbereich. Versuchen Sie, bewußt zu atmen und den Strom der Luft in den Lungen zu spüren, und atmen Sie bis in den Unterbauch. Das heißt nicht, daß Sie übertrieben heftig atmen sollen; es ist einfach ein tiefer, voller Atem. Spüren Sie, wie sich Ihr Bauch hebt und senkt, während Sie ein- und ausatmen.

Richten Sie Ihre Aufmerksamkeit jetzt auf Ihren rechten Fuß. Bewegen Sie sich nicht, gehen sie einfach mit Ihrem Bewußtsein zum rechten Fuß. Fühlen Sie die Zehen. Wandern Sie mit Ihrer Aufmerksamkeit vom rechten Fuß über die Ferse hinauf zum Fußgelenk, dann weiter das Schienbein und die Wade hinauf und über das rechte Knie bis zur rechten Hüfte. Lassen Sie sich Zeit. Lassen Sie Ihr Bewußtsein langsam wandern.

Nun richten Sie Ihre Aufmerksamkeit auf den linken Fuß und gehen über das linke Fußgelenk, die linke Wade, das linke Schienbein und das linke Knie bis zur linken Hüfte. Lassen Sie Ihr Bewußtsein in jeden Körperteil eindringen und erforschen Sie ihn. Nehmen Sie sich Zeit. Spüren Sie jeden Teil Ihres Körpers.

Nun gehen Sie zur rechten und linken Hälfie Ihres Gesäßes. Dann wandern Sie zur Wirbelsäule und folgen ihr langsam hinauf bis zu den Schultern. Spüren Sie die rechte und linke Seite Ihres Rückens.

Wenden Sie sich dann Ihrem Bauch zu. Wandern Sie mit Ihrer Aufmerksamkeit über die rechte und die linke Seite Ihrer Brust bis zu den Schultern hinauf, lassen Sie Ihre Aufmerksamkeit langsam durch den Körper wandern. Ihr Bewußtsein ist völlig ruhig, während Sie sich nacheinander auf alle Körperteile konzentrieren.

Gehen Sie nun zum rechten Daumen hinunter und von dort aus durch alle Finger, über die Hand, die Handfläche und den Handrücken zum Handgelenk, zum Unterarm, zum Ellbogen und zum Oberarm. Gehen Sie in die rechte Achselhöhle und dann zur Schulter.

Richten Sie Ihre Aufmerksamkeit nun auf den linken Daumen, auf alle Finger der linken Hand, auf die Handfläche und den Handrücken, auf das linke Handgelenk, den Unterarm, den Ellbogen, den Oberarm, die linke Achselhöhle und spüren Sie schließlich Ihre linke Schulter.

Gehen Sie nun über den Hals zum Gesicht. Spüren Sie Kiefer, Kinn, Mund, Nase, Wangen, rechtes und linkes Auge, rechte und linke Augenbraue, Stirn, rechte Schläfe und rechtes Ohr, linke Schläfe und linkes Ohr.

Richten Sie dann Ihre Aufmerksamkeit auf den Hinterkopf und auf Ihr Schädeldach.

Spüren Sie Ihren ganzen Körper. Richten Sie Ihr Bewußtsein auf den ganzen Körper.

Spüren Sie, wie Sie schwer werden und in den Boden zu sinken scheinen.

Fühlen Sie jetzt wieder Ihren rechten Fuß, doch spannen Sie diesmal Ihren rechten Fuß und das rechte Bein stark an. Spannen Sie es so stark an, daß es sich vom Boden hebt. Halten Sie es, dann lassen Sie los, schütteln Sie es noch ein wenig und vergessen Sie es wieder.

Richten Sie Ihre Aufmerksamkeit auf das linke Bein. Spannen Sie den linken Fuß und das linke Bein so fest an, daß es sich vom Boden hebt. Halten Sie es, dann lassen Sie los, rollen ein wenig nach links und rechts und vergessen es wieder.

Spannen Sie jetzt das Gesäß auf die gleiche Weise an, halten Sie die Spannung, dann lassen Sie los und entspannen sich. Vergessen Sie Ihr Gesäß.

Füllen Sie Ihren Bauch mit Luft, blasen Sie ihn auf wie einen großen Ballon. Halten Sie die Spannung in diesem Ballon, dann entspannen Sie sich und lassen die Luft aus Ihrem Mund strömen. Tun sie das gleiche mit Ihrer Brust, füllen Sie sie mit

Luft, halten Sie die Spannung, dann atmen Sie aus und lassen los.

Spüren sie jetzt Ihren rechten Arm. Spannen Sie die rechte Hand und den rechten Arm so fest an, daß er sich vom Boden hebt. Halten Sie die Spannung, dann lassen Sie los, rollen den Arm ein paar Mal hin und her und vergessen ihn.

Richten Sie jetzt Ihre Aufmerksamkeit auf den linken Arm, spannen Sie die Hand und den Arm, bis sich der Arm vom Boden hebt. Halten Sie die Spannung, dann entspannen Sie sich, lassen Sie los und vergessen den Arm.

Spannen Sie als nächstes die Schultern an, bis sie sich durch die Spannung vom Boden heben. Ziehen Sie sie bis zum Hals hoch, halten Sie die Spannung, dann lassen Sie los.

Bewegen Sie Ihren Kopf nach links und rechts, um Spannungen zu lockern. Verziehen Sie Ihr Gesicht zu einer häßlichen Grimasse, spannen Sie jeden Muskel im Gesicht an, dann lassen Sie los.

Atmen Sie einige Male tief ein. Spüren Sie, wie Sie schwer werden und in den Boden sinken. Lassen Sie los. Ihr ganzer Körper ist entspannt und fühlt sich gut.

Richten Sie nun Ihre Aufmerksamkeit auf den Atem. Versuchen Sie nicht, irgendwie ungewöhnlich zu atmen; beobachten Sie einfach das Ein- und Ausströmen Ihres natürlichen Atmens.

Beobachten Sie, wie der Atem kommt und geht. Stellen Sie sich bei jedem Einatmen vor, daß Ruhe und Frieden in Sie strömen; stellen Sie sich bei jedem Ausatmen vor, daß Sie Spannung und Streß abgeben.

Beginnen Sie dann am Ende jedes Ausatmens im Geist zu zählen. Einatmen, ausatmen, bis zehn zählen. Einatmen, ausatmen, bis neun zählen. Einatmen, ausatmen, bis acht zählen. Fahren Sie fort, bis Sie bei null sind. Dann beginnen Sie noch einmal bei zehn und zählen wieder bis null herunter. Wenn Sie sich verzählen, beginnen Sie einfach noch einmal bei zehn und versuchen, zwei Runden (zweimal von zehn bis null) zu beenden, ohne die Konzentration zu verlieren.

Hören Sie nach zwei Runden auf und beobachten Sie Ihren Atem. Vielleicht tauchen verschiedene Gedanken auf, doch Sie brauchen Sie nicht zu beachten; richten Sie Ihre Aufmerksamkeit nur auf den Atem. Nehmen Sie einfach zur Kenntnis, daß Sie denken. Nehmen Sie die Gedanken zur Kenntnis, ohne sie festzuhalten. Nach kurzer Zeit werden Sie feststellen, daß Ihr Bewußtsein ruhig wird und die Gedanken seltener kommen. Ihr Bewußtsein entspannt sich. Sie werden eins mit Ihrem Atem. Atmen Sie in Ihren Bauch, spüren Sie, wie sich die Bauchdecke hebt und senkt. Sie können in diesem Zustand bleiben, solange Sie wollen, doch achten Sie darauf, nicht einzuschlafen. Schlaf ist Entspannung ohne Bewußtsein. Ihr Ziel ist es, sich bewußt zu entspannen, um einen Zustand stiller Wachheit zu erreichen.

Wenn Sie bereit sind, konzentrieren Sie sich wieder auf den ganzen Körper. Bewegen Sie sachte Zehen, Füße, Finger, Hände, Beine und Arme. Setzen Sie sich und stehen Sie ganz langsam auf. Bleiben Sie einige Minuten ruhig stehen und lauschen Sie. Öffnen Sie die Augen und sehen Sie sich um. Sind die Geräusche und Farben nicht irgendwie heller und schärfer?

Nun fahren Sie mit Ihrem Alltag fort wie gewohnt, aber achten Sie auf Ihre Gefühle und Ihr Verhalten. Vielleicht werden Sie feststellen, daß alles etwas behutsamer, selbstloser und tiefer ist.

Meditation

Wählen Sie eine Zeit und einen Ort, der es Ihnen erlaubt, ohne Störung und mit einem Höchstmaß an Energie zu arbeiten, bevor Sie mit einer Meditationsübung beginnen. Viele Menschen ziehen den frühen Morgen vor, da das Bewußtsein in dieser Zeit wach und unbelastet ist. Auch der Abend ist gut, doch Sie könnten schläfrig werden.

Wenn möglich, sollten Sie einen Platz in Ihrer Wohnung wählen, den Sie immer benutzen können, denn nach einer Weile wird es ein sehr spezieller Platz sein, zu dem Sie immer gehen, um sich auf Ihre eigene Energie einzustimmen; Sie wollen dann wahrscheinlich nicht mehr, daß dieser Platz durch andere

Aktivitäten gestört wird. Wenn es zu dunkel ist, zünden Sie eine Kerze an oder benutzen Sie eine abgedunkelte Lampe.

Bei jeder Art von Konzentration oder Meditation ist es wichtig, mit geradem Rücken zu sitzen. Wenn Sie sich hinlegen, erreichen Sie eine tiefe Entspannung, doch hier soll es um eine Konzentration des Bewußtseins gehen, und deshalb sollten Sie aufrecht sitzen. Sie könnten im Schneidersitz auf einem Kissen auf dem Boden oder auf einem geradlehnigen harten Stuhl sitzen.

Wenn Sie einen Stuhl benutzen, sollten Sie die Füße flach auf den Boden stellen, die Beine sollten entspannt aber nicht gekreuzt oder gestreckt sein.

Wenn Sie auf dem Boden sitzen, können Sie die Polster so aufbauen, daß Ihre Wirbelsäule gestützt wird. Dies erreichen Sie nicht, wenn Sie sich an eine Wand lehnen. Wenn Ihre Wirbelsäule nicht gerade ist, wird sie nach einer Weile abknikken und schmerzen.

Viele Menschen im Westen finden es sehr schwer, im Schneidersitz zu sitzen, doch Übung macht den Meister. Wie auch immer, auf jeden Fall soll die Wirbelsäule gerade sein. Die Hände sind im Schoß gefaltet oder liegen auf den Schenkeln. Der Kopf sollte sich anfühlen wie eine Verlängerung der Wirbelsäule, weder geneigt noch in den Nacken gelegt. Der Mund soll geschlossen sein, die Augen bleiben einen kleinen Spalt geöffnet und blicken direkt vor Ihnen auf den Boden oder sind ebenfalls geschlossen. Wenn Sie die Augen geöffnet lassen, dann achten Sie darauf, daß Sie nicht abgelenkt werden; wenn Sie die Augen schließen, dann achten Sie darauf, nicht einzuschlafen. Das Wichtigste ist, daß Sie völlig wach sind, daß Sie aufrecht aber entspannt sitzen. Nach einer Weile werden Sie feststellen, daß Sie sich ganz von selbst zu konzentrieren beginnen, wenn Sie diese Haltung einnehmen.

Es ist besser, jeden Tag nur zehn Minuten zu üben, wenn Sie in dieser Zeit wirklich konzentriert sind, statt jeden Tag eine Stunde mit Tagträumen zu verbringen. Nutzen Sie Ihre Zeit gut. Zehn Minuten am Tag, vielleicht auch nur fünf am Anfang, reichen völlig aus, und bald wird sich die Zeitspanne von selbst verlängern. Wenn Sie Ihr Bewußtsein konzentrieren, wird es ganz von selbst in einen Zustand der Kontemplation übergehen und dann zur Meditation selbst.

Atemzüge zählen

Diese Meditation hat drei Stufen; wenn Sie sich die Zeit nehmen wollen, dann sollten Sie für jede Stufe fünf bis zehn Minuten vorsehen, je nachdem, wie lange Sie insgesamt üben wollen.

Setzen Sie sich in Ihre Position und bewegen Sie sich während der Übung möglichst nicht. Atmen Sie einige Male tief ein und entspannen Sie sich dabei. Atmen Sie während der ganzen Übung normal. Der Sinn der Sache ist, sich des eigenen Atems bewußt zu werden und ihn als Mittel zur Konzentration zu benutzen, ohne ihn jedoch zu beeinflussen.

Im ersten Stadium beginnen Sie am Ende jedes Ausatmens zu zählen. Einatmen, ausatmen, bis eins zählen. Einatmen, ausatmen, bis zwei zählen. Einatmen, ausatmen, bis drei zählen. Zählen Sie auf diese Weise bis zehn. Dann wieder zurück bis eins.

Zählen Sie in Gedanken. Zählen Sie auf der ganzen ersten Stufe am Ende jedes Atemzuges auf diese Weise.

Wenn Sie sich verzählen oder feststellen, daß Sie über zehn hinausgekommen sind, dann beginnen Sie einfach noch einmal bei eins.

Auf der zweiten Stufe beginnen Sie vor jedem Einatmen zu zählen. Die Zählweise ist die gleiche wie oben.

Bis eins zählen, einatmen, ausatmen. Bis zwei zählen, einatmen, ausatmen. Bis drei zählen, einatmen, ausatmen. Machen Sie weiter bis zehn, dann wieder zurück bis eins. Dies scheint dem Ablauf auf der ersten Stufe völlig gleich zu sein, doch Ihre Aufmerksamkeit hat sich verlagert, und Ihre Konzentration wird tiefer. Zuerst haben Sie sich nach dem Ausatmen auf Ihren Atem konzentriert, jetzt konzentrieren Sie sich vor dem Einatmen auf die Atmung. Wenn Sie sich verzählen, beginnen Sie einfach wieder bei eins.

Auf der dritten Stufe hören Sie zu zählen auf und beobachten einfach Ihren Atem. Beobachten Sie, wie er ein- und ausströmt.

Lassen Sie ihn frei fließen. Konzentrieren Sie sich auf den Atem, werden Sie eins mit diesem Strom.

Wenn Gedanken kommen, nehmen Sie sie einfach zur Kenntnis und lassen Sie sie wieder los, lassen Sie sie treiben wie Wolken am Himmel. Werten Sie nicht und werden Sie nicht ungeduldig, wenn Sie nicht sofort völlig still werden. Es ist sinnlos, allzu hohe Erwartungen an sich selbst zu stellen, weil Sie sonst enttäuscht werden. Wenn Sie jeden Tag auf diese Weise üben, werden Sie sehr rasch positive Auswirkungen spüren.

Am Ende der Meditation bewegen Sie sachte Ihren Körper, öffnen die Augen, falls sie geschlossen waren, atmen noch einige Male tief ein und bleiben einige Augenblicke still sitzen, bevor Sie aufstehen.

Soham

Diese Technik beginnt ganz ähnlich wie die Meditation; setzen Sie sich in Ihre Position und atmen Sie einige Male tief ein, um sich zu entspannen. Achten Sie dann auf Ihren Atmen, beobachten Sie seinen Strom.

Konzentrieren Sie sich auf den Atem, der durch Ihre Nase strömt, Ihren Bauch füllt und wieder hinausströmt.

Sagen Sie beim Einatmen im Geiste: *So*. Sagen Sie beim Ausatmen: *Ham*. Das ist der Klang Ihres Atems. Lassen Sie die Worte mit Ihrem Atem fließen. Ein: So; aus: Ham. Soham. Die beiden Silben sollten nicht getrennt sein. Es ist wichtig, daß Sie die ganze Zeit daran denken, daß dies keine mechanische Rezitation ist.

Es ist nützlich, bei dieser Übung die Aufmerksamkeit auf das dritte Auge (zwischen den Augenbrauen) oder auf das Herzchakra zu richten. Beobachten Sie von diesem Punkt aus, wie Ihr Atem ein- und ausströmt. Auf diese Weise üben Sie eine Kombination aus Beharrlichkeit, Bewußtheit, Konzentration, Atmung und Entspannung. Sie sind körperlich still und geistig ruhig, aber völlig wach. Denken Sie *Soham* bei jedem Atemzug. Hören Sie nach einer Weile auf, das Wort zu wiederholen und konzentrieren Sie sich nur noch auf Ihren Atem. Nehmen Sie

Gedanken, die vielleicht kommen, zur Kenntnis, aber halten Sie sie nicht fest. Beobachten Sie die Stille. Beobachten Sie den Atem und konzentrieren Sie sich auf die Stille.

Dann beginnen Sie wieder, Soham zu sagen und sprechen Sie die Silben im Geist beim Ein und Ausatmen. Die Worte erfüllen Ihr Sein, und Sie werden eins mit den Worten.

Bleiben Sie am Ende der Übung noch einige Augenblicke still sitzen, seien Sie einfach da und ganz im Augenblick, bevor Sie sich bewegen. Sie können diese Übung solange ausführen, wie Sie wollen.

Bewegungsmeditation

Wenn Sie häufig meditieren, werden Ihre Beine vielleicht müde und schmerzen, solange Sie noch nicht an diese Position gewöhnt sind. Die Menschen im Osten, die häufig im Schneidersitz sitzen, haben diese Probleme nicht. Wir dagegen verbringen unser Leben in Lehnsesseln, und es dauert eine Weile, bis der Körper sich umgestellt hat. Deshalb ist die folgende Übung recht nützlich. Es ist eine Bewegungsmeditation. Konzentrieren Sie sich wie bereits beschrieben auf Ihren Atem, doch beginnen Sie dabei sehr langsam zu gehen und beobachten Sie Ihre Bewegungen.

Stehen Sie zuerst aufrecht und ruhig. Führen Sie die Hände vor dem Bauch zusammen, etwa in Höhe des Solarplexus, wo die Armmuskeln nicht belastet werden. Die rechte Hand sollte leicht über linken Hand und dicht am Körper liegen. Die Augen sind geöffnet und direkt vor Ihnen auf den Boden gerichtet.

Beginnen Sie jetzt ganz langsam zu laufen. Spüren Sie jeden Schritt, spüren Sie die Bewegung, die sich im ganzen Körper ausbreitet, wenn Sie die Füße heben, vorschieben und wieder auf den Boden setzen. Konzentrieren Sie sich auf den Atem und auf die Bewegung. Gehen und Atem fließen ineinander. Ihre Augen sind auf den Boden gerichtet.

Sie können auf diese Weise in einem relativ leeren Raum oder draußen im Garten fünfzehn bis zwanzig Minuten lang laufen. Wenn Sie sich dann wieder setzen um zu meditieren, werden

Sie feststellen, daß Ihre Sinne schärfer sind, daß Sie wacher und aufmerksamer sind.

Visualisation

Visualisationen können sich um viele Dinge, Farben oder Formen drehen. Wir beschreiben hier zwei Übungen, die recht umfangreich sind, die Sie jedoch vereinfachen können, wenn Sie dies wünschen.

Jede Visualisation sollte wach und bewußt und in der richtigen Haltung stattfinden (wie bereits beschrieben), nachdem Sie Ihr Bewußtsein entspannt und beruhigt haben. Wenn Sie eine eigene Visualisation entwickeln, ist es wichtig, konzentriert zu bleiben - wenn die Bilder zu schnell wechseln, kann keines integriert und voll erlebt werden. Es ist besser, für jede Sitzung nur ein Bild zu wählen. Beispiele für die Motive sind religiöse Symbole, eine Farbe, eine schöne Landschaft oder weißes Licht.

Halten Sie sich so lange wie möglich an das Bild, damit Ihr Bewußtsein sich voll konzentrieren kann. Lassen Sie die Gedanken kommen und gehen. Nehmen Sie sie einfach zur Kenntnis und kehren Sie zur Übung zurück. Wenn Sie fertig sind, lösen Sie das Bild einfach wieder auf und bleiben noch einige Augenblicke ruhig sitzen, bevor Sie sich wieder bewegen.

Fünf Elemente

Bei dieser Übung werden Farben, Visualisation und energetische Zustände verbunden. Es ist wichtig, sie aufrecht sitzend durchzuführen; Sie sollten dabei nicht liegen. Nehmen Sie sich für jede Stufe fünf Minuten Zeit; die ganze Übung wird etwa fünfunddreißig bis vierzig Minuten dauern.

Wählen Sie eine bequeme, aber aufrechte und wache Haltung, wie es bereits beschrieben wurde. Atmen Sie einige Male tief durch und entspannen Sie sich.

Konzentrieren Sie sich auf einen klaren blauen Himmel. Der

Himmel erfüllt Ihr ganzes Bewußtsein. Er ist völlig klar, fast transparent, ein wundervolles Blau.

Stellen Sie sich im klaren blauen Himmel jetzt einen gelben Würfel vor. Kein zweidimensionales Quadrat, sondern einen räumlichen Würfel. Er ist gelb und symbolisiert die Erde. Erdenergie ist massiv, schwer und reglos. Spüren Sie diese Energieform in sich selbst. Werden Sie zur Erde.

Stellen Sie sich oben über dem gelben Würfel eine weiße Kugel vor, eine völlig runde Kugel. Sie symbolisiert das Wasser. Wasser kann sich frei bewegen, doch nur horizontal; spüren Sie die Bewegung dieser Energie in sich selbst, gehen Sie von der Erde zum Wasser, das sich horizontal bewegt.

Stellen Sie sich als nächstes eine rote Pyramide über der weißen Kugel vor. Die Pyramide symbolisiert das Feuer. Die Feuerenergie strebt nach oben; spüren Sie das veränderte Gefühl in Ihrem Körper, wenn die Energie vom Wasser zum Feuer wechselt, von horizontal zu vertikal.

Stellen Sie sich dann eine flache grüne Schale vor (einen Halbmond), der auf der roten Pyramide liegt. Die Schale symbolisiert die Luft. Luft kann sich in alle Richtungen ausbreiten. Ihre Energie fließt mit der Luftenergie.

Stellen Sie sich in der grünen Schale einen leuchtenden, glitzernden, vielfarbigen Edelstein vor. Der Edelstein symbolisiert das Bewußtsein, das sich nicht nur in alle Richtungen bewegt, sondern auch alles durchdringen kann, sogar feste Materie. Spüren Sie, wie sich Ihre Energie verändert, wenn Sie in einen Zustand reinen Bewußtseins überwechseln.

Beginnen Sie nach etwa fünf Minuten, das Juwel im klaren blauen Himmel aufzulösen.

Lösen Sie die grüne Schale im Himmel auf.

Lösen Sie die rote Pyramide auf.

Lösen Sie die weiße Kugel und den gelben Würfel im klaren blauen Himmel auf. Halten Sie den klaren, jetzt leeren blauen Himmel noch ein paar Minuten fest. Die Gedanken, die jetzt vielleicht kommen, sind einfach Wolken, die vorbeiziehen, ohne anzuhalten.

Lösen Sie schließlich auch den klaren blauen Himmel auf. Damit ist die Übung vorbei.

Selbstheilung

Dies ist eine wundervolle Visualisation, die zu einem tieferen Verständnis von Krankheit und Heilung verhilft.

Wenn wir unsere Heilungsfähigkeiten erforschen, können wir auf viele verschiedene Gefühle oder Bilder stoßen. Diese Übung hilft uns, sie zu verstehen. Sie beruht auf der Idee, daß physische Krankheiten uns in Wirklichkeit etwas über uns selbst sagen wollen. Sie sind der Ausdruck eines Konflikts auf einer anderen, nicht-physischen Ebene.

Führen Sie diese Übung im Liegen aus und decken Sie sich dabei mit einer Decke zu, damit Sie nicht frieren.

Beginnen Sie, indem Sie sich einige Minuten entspannen und tief atmen. Entspannen Sie sich tief. Entspannen Sie jeden Teil Ihres Körpers und Bewußtseins, bis Sie still und konzentriert sind.

Stellen Sie sich jetzt vor, wie Sie immer kleiner werden, bis Sie klein genug sind, um innerhalb Ihres Körpers herumzuwandern.

Beginnen Sie, Ihren Körper von innen zu erforschen. Gehen Sie systematisch vor – beginnen Sie bei den Füßen und arbeiten Sie sich ganz langsam durch den ganzen Körper hinauf. Wenn Sie ein Gebiet erreichen, in dem Sie Schmerzen haben oder ein Gefühl von Spannung oder Krankheit spüren, dann halten Sie inne und erforschen Sie diesen Bereich.

Dann fragen Sie, welche Farbe die Störung hat. Ist sie dunkel oder hell, hat sie überhaupt eine Farbe? Wie fühlt sie sich an? Fühlt sie sich weich oder hart an, wie ein Schwamm oder stachlig? Wie groß ist dieser Bereich? Wechselt er vielleicht sogar die Farbe?

Lassen Sie die Antworten auf diese Fragen ganz von selbst kommen. Es ist nicht schlimm, wenn keine Antwort kommt; stellen Sie dann einfach eine andere Frage. Bleiben Sie mit geschlossenen Augen ruhig liegen und setzen Sie Ihre Forschungsreise fort.

Wenn Antworten kommen, können Sie weitergehende Fragen stellen.

Sie können fragen, was der Schmerz Ihnen sagen will.

Was erwartet der schmerzende Bereich von Ihnen, damit die Schmerzen verschwinden?
Was muß getan werden, damit die Schmerzen losgelassen werden können?
Was ist ihr Sinn?
Wenn Sie können, beginnen Sie einen Dialog mit dem Schmerz, aber lassen Sie ihn immer für sich selbst sprechen. Es kann eine Weile dauern, bis die Antworten kommen. Wenn dies so ist, dann können Sie, wenn Sie wieder fortgehen, verabreden, daß Sie zurückkommen und ein andermal weiterreden. Setzen Sie eine Zeit und einen Tag für Ihre Rückkehr fest und halten Sie Ihr Wort. Wiederholen Sie diese Prozedur zur verabredeten Stunde und beginnen Sie wieder, in Ihrem Innern zu forschen und Fragen zu stellen.
Wenn Sie glauben, die richtigen Antworten erhalten zu haben, dann bedanken Sie sich. Kommen Sie aus Ihrem Körper heraus und wachsen Sie wieder, bis Sie Ihre normale Größe erreicht haben. Es ist nützlich, die empfangenen Antworten aufzuschreiben und sich etwas Zeit zu nehmen, um sie zu integrieren. Aus den Antworten können Sie viel über sich selbst erfahren. Urteilen Sie nicht. Vergessen Sie nicht, sich selbst jederzeit zu lieben.

Der Abschluß

Das Lernen ist ein interessanter Prozeß, der oft nur möglich ist, wenn wir alte, angelernte Dinge ver-lernen. Wir sammeln unser Leben lang ungeheure Mengen an Wissen und Informationen an, nur um festzustellen, daß sie uns eines Tages im Weg sind und daß wir alles Gelernte loslassen müssen, wenn wir uns selbst unter diesem Berg wiederfinden wollen. Um unsere latente Heilfähigkeit zu entdecken, müssen wir unser verborgenes Selbst finden und einen tieferen Kontakt mit ihm herstellen. Im Zen-Buddhismus gibt es den Ausdruck eines »kindlichen Bewußtseins«. Gemeint ist damit die Einstellung des Anfängers: Einfachheit, Offenheit, Aufnahmefähigkeit und Unwissenheit, die uns erlauben, Fortschritte zu machen. Durch

Akzeptieren, Liebe und Verzicht auf persönliche Erfolge können wir wahrhaft mitfühlend und weise werden.

Anmerkungen

[1] H. Motoyama, P.K. (Hrsg.), »Influence on the Meridians and Psi-Energy«, *Research for Religion and Psychology*, 4-11-7 Inikashisa, Mitaka-Shi, Tokio 181, Japan, Bd. 5, 2. Juli 1979.
[2] Prof. J.B. Hasted, M.A., Dr. Phil., »Paranormal Electrical Effect«, Dept. of Physics, Birkbeck College, University of London, Malet Street, London WCIE 7HX, Großbritannien.
[3] siehe A. Montague, *Touching: The Significance of the Human Skin*, Harper & Row.
[4] ibid.
[5] Reshad, Field, *Here to Heal*, Element Books 1985.
[5] ibid.
[6] ibid.
[7] ibid.
[8] Gaston Saint Pierre und Debbie Boater, *The Metamorphic Technique*, Element Books 1982.
[9] ibid.
[10] *British Naturopathic Association Journal*
[11] A. Lowen, *Bioenergetik.*